非母語話者日本語教師再教育における
聴解指導に関する実証的研究

シリーズ 言語学と言語教育

第1巻 日本語複合動詞の習得研究−認知意味論による意味分析を通して　松田文子著

第2巻 統語構造を中心とした日本語とタイ語の対照研究　田中寛著

第3巻 日本語と韓国語の受身文の対照研究　許明子著

第4巻 言語教育の新展開−牧野成一教授古稀記念論文集
鎌田修，筒井通雄，畑佐由紀子，ナズキアン富美子，岡まゆみ編

第5巻 第二言語習得とアイデンティティ
−社会言語学的適切性習得のエスノグラフィー的ディスコース分析　窪田光男著

第6巻 ポライトネスと英語教育−言語使用における対人関係の機能
堀素子，津田早苗，大塚容子，村田泰美
重光由加，大谷麻美，村田和代著

第7巻 引用表現の習得研究−記号論的アプローチと機能的統語論に基づいて
杉浦まそみ子著

第8巻 母語を活用した内容重視の教科学習支援方法の構築に向けて
清田淳子著

第9巻 日本人と外国人のビジネス・コミュニケーションに関する実証研究
近藤彩著

第10巻 大学における日本語教育の構築と展開
−大坪一夫教授古稀記念論文集
藤原雅憲，堀恵子，西村よしみ，才田いずみ，内山潤編

第12巻 異文化間コミュニケーションからみた韓国高等学校の日本語教育
金賢信著

第13巻 日本語eラーニング教材設計モデルの基礎的研究
加藤由香里著

第14巻 第二言語としての日本語教室における「ピア内省」活動の研究
金孝卿著

第15巻 非母語話者日本語教師再教育における聴解指導に関する実証的研究
横山紀子著

シリーズ 言語学と言語教育 15

非母語話者日本語教師再教育における聴解指導に関する実証的研究

横山紀子 著

ひつじ書房

目　次

前書き ……………………………………………………………………… i

第 1 章　研究の背景と目的 ……………………………………… 1
1.1　はじめに …………………………………………………………… 1
1.2　海外の日本語教育における聴解指導改善の必要性 …………… 2
1.3　過程重視の聴解指導の必要性 …………………………………… 3
1.4　第 2 言語教師教育における学習体験の重要性 ………………… 5
1.5　調査対象者の背景 ………………………………………………… 6
1.6　本研究の構成 ……………………………………………………… 7

第 2 章　先行研究 ………………………………………………… 9
2.1　第 2 言語における聴解過程に関する先行研究 ………………… 9
　　2.1.1　周辺分野との関連 ………………………………………… 10
　　2.1.2　聴解の種別：対面聴解と非対面聴解 …………………… 13
　　2.1.3　聴解過程の調査方法と調査内容 ………………………… 15
　　2.1.4　言語運用力および聴解力と聴解過程の関係 …………… 26
　　2.1.5　聴解過程の指導 …………………………………………… 33
　　2.1.6　聴解過程に関する先行研究の総括 ……………………… 36
2.2　第 2 言語教師教育に関する先行研究 …………………………… 38
　　2.2.1　第 2 言語教師教育研究全体の概観 ……………………… 38
　　2.2.2　第 2 言語教師教育における研究領域と研究方法 ……… 43
　　2.2.3　非母語話者現職教師教育に関する研究 ………………… 49
　　2.2.4　第 2 言語教師教育に関する先行研究の総括 …………… 59

第 3 章　対面場面における聴解過程の分析 ── 63
- 3.1　研究目的と研究方法 ── 63
  - 3.1.1　研究課題の設定 ── 63
  - 3.1.2　調査対象者 ── 70
  - 3.1.3　調査方法 ── 70
  - 3.1.4　分析の方法 ── 71
- 3.2　結果 ── 76
  - 3.2.1　効果的な聴解過程の特徴 ── 76
  - 3.2.2　「モニター範囲」とテキスト理解との関係 ── 83
- 3.3　考察 ── 85
  - 3.3.1　「広範囲モニター」を支える要素 ── 85
  - 3.3.2　【研究1】の成果と今後の課題 ── 92
- 3.4　まとめ ── 93

第 4 章　過程重視の聴解指導の効果 ── 97
- 4.1　研究目的と研究方法 ── 97
  - 4.1.1　研究課題の設定 ── 97
  - 4.1.2　調査対象者 ── 100
  - 4.1.3　指導の概要 ── 101
  - 4.1.4　調査方法 ── 102
  - 4.1.5　分析の方法 ── 103
- 4.2　結果 ── 103
  - 4.2.1　対面聴解調査の結果 ── 103
  - 4.2.2　聴解力調査の結果 ── 115
  - 4.2.3　結果のまとめ ── 118
- 4.3　考察 ── 119
  - 4.3.1　指導との関連 ── 119
  - 4.3.2　【研究2】の成果と課題 ── 121
- 4.4　まとめ ── 125

第5章　聴解の学習体験が学習観・指導観に及ぼす影響 — 139

- 5.1 研究目的と研究方法 — 139
  - 5.1.1 研究課題の設定 — 139
  - 5.1.2 調査対象者 — 141
  - 5.1.3 調査方法 — 141
- 5.2 結果 — 145
  - 5.2.1 学習者として受けた聴解指導 — 145
  - 5.2.2 教師としての聴解指導 — 148
  - 5.2.3 新規学習体験による聴解学習観の変容 — 150
  - 5.2.4 新規学習体験による聴解指導観の変容 — 151
  - 5.2.5 新規学習体験の効果と学習観・指導観の変容との関連 — 155
- 5.3 考察 — 159
  - 5.3.1 学習者として受けた聴解指導 — 159
  - 5.3.2 教師としての聴解指導 — 160
  - 5.3.3 新規学習体験による聴解学習観の変容 — 161
  - 5.3.4 新規学習体験による聴解指導観の変容 — 164
  - 5.3.5 新規学習体験の効果と学習観・指導観の変容との関連 — 167
- 5.4 【研究3】の成果と今後の課題 — 168

第6章　結論と今後の課題 — 173

- 6.1 本研究の課題と解答 — 173
  - 6.1.1 本研究の課題 — 173
  - 6.1.2 対面聴解過程の分析 — 174
  - 6.1.3 過程重視の聴解指導の効果 — 175
  - 6.1.4 再教育が学習観および指導観に及ぼす影響 — 176
- 6.2 本研究の意義 — 177
- 6.3 NNJLT再教育への提言と今後の課題 — 178

参考・引用文献 ——————————————————— 181
本書に関する概発表論文 ———————————————— 193

索引 ——————————————————————— 195

前書き

　私が勤務する日本語国際センター(以下、センター)は、独立行政法人国際交流基金の付属機関として1989年に設立され、海外で日本語教育に従事する非母語話者日本語教師を招聘して再教育研修を行うなど、海外の日本語教育の発展を支援することをその使命としています。センター設立時に着任した私は、自身の日本語教授歴もまだわずかであり、「海外の日本語教育」「非母語話者教師」「再教育研修」という3つのテーマが複合した、他に例を知らない課題に手探りで取り組むほかありませんでした。そうした中、これまでの教育実践を支えてくれたのは、一つには同僚との協働、もう一つには研修参加者である非母語話者教師たちから受ける刺激、そして、三つ目には主に英語教育の分野で進められてきた研究でした。当初は参考にすべき事例が周囲にはないと思われましたが、日本語という枠組みをはずして研究文献を読み進めていくと、多くのヒントを掘り起こすことができました。また、研究によって普遍化された情報や思考が直接には見聞する機会のない教育実践の知見を伝えていることに大きな力を得ました。本書が研究と実践を結ぶ輪を一つ加えることができれば幸いです。

　本書は、2005年度にお茶の水女子大学に提出した博士学位論文「非母語話者日本語教師の再教育に関する実証的研究―過程重視の聴解指導を通して―」に加筆修正したものです。主査の岡崎眸教授には、終始温かく真摯なご指導をいただきました。岡崎教授は、多文化共生社会の実現に向けて日本語教師の果たす役割を追究しておられますが、その教師教育の精神に間近で

接したことで、研究の視野を一回り広げることができたように思います。岡崎教授をはじめ、学位論文執筆の過程でお世話になった多くの方々に厚く御礼申し上げます。

　また、国際交流基金の職員諸氏、センターの同僚、いまや累計数千名にのぼる研修参加者に、改めて感謝の意を表します。

　なお、本書の刊行にあたっては、平成19年度日本学術振興会科学研究費補助金（研究成果公開促進費）の交付を受けました。出版に至る過程でお世話になったひつじ書房の松本功氏、吉峰晃一朗氏、青山美佳氏（現・創作集団にほんご）に御礼申し上げます。

2008年1月
横山　紀子

第 1 章
研究の背景と目的

1.1 はじめに

海外の日本語学習者は、2003 年現在、127 カ国・地域の 235 万人に達し、1979 年から 2003 年の間に 18.5 倍に伸びている。海外で日本語を教える教師数は 3 万 3 千余人に及ぶが、その約 7 割が日本語を母語としない非母語話者日本語教師である (国際交流基金 2005)。独立行政法人国際交流基金の付属機関として 1989 年に開設された日本語国際センターは、非母語話者現職教師を招聘し、日本語・日本文化および日本語教授法の再教育を行う世界で唯一の機関である。開設以来招聘した教師数は累計約 5,000 人に上り (国際交流基金日本語国際センター 2005)、その日本語学習歴や背景、教授環境は多様である。その中で 20 代の若手教師を対象に約 6 ヶ月の再教育を行うプログラムがあるが、これら若手教師のほとんどは、研修以前には来日経験がなく、自国で数年の日本語教育を受けた後に教師になっている。こうした再教育プログラムにおいては、教師たち自身の日本語運用力を向上させ、同時に日本語教授に関する意識と実践力を向上させることが目標として設定される。本書は、上述のような若手の非母語話者日本語教師 (以後、NNJLT : Non-Native Japanese Language Teacher) に対する約 6 ヶ月の再教育 (実質的な授業期間は約 4 ヶ月半) を対象とした実証研究について報告する。

1.2　海外の日本語教育における聴解指導改善の必要性

海外で日本語を学んだ（以後、JFL: Japanese as a Foreign Language）学習者を国内で日本語を学んだ（以後、JSL: Japanese as a Second Language）学習者と比べると、一般的な傾向として、聴解力および会話力が相対的に低いことが指摘される。表1–1は、1999年から2002年までの日本語能力試験について、国内受験者と国外受験者の得点平均値をまとめたものである（日本語教育学会認定委員会編 2004）。総合点（400点満点）に占める聴解部門得点（100点満点）を示す聴解比を見ると、1級から4級までいずれの級においても国外受験者は聴解得点が相対的に低いことがわかる。会話力については客観的なデータがないが、JFL学習者の会話運用力がその言語知識に比して乏しいことは、多くの日本語教師や関係者の知るところである。

第2言語習得研究において、Krashen（1985）は「インプット仮説」を提唱し、人が言語を学ぶ方法は主にメッセージを「理解する」ことによって、すなわち「理解可能なインプット」を得ることによってであると主張した。Krashenは「理解可能なインプット」が十分与えられれば、言語に関する規則を学習（learning）しなくても言語を習得（acquisition）することが可能であるとし、併せて、学習（learning）と習得（acquisition）が異なる過程であって相互に転移しないこと、意識的学習（conscious learning）がごく限られた役割

表1–1　日本語能力試験の国内受験者および国外受験者の得点平均（1999年度〜2002年度のデータ）

	文字語彙	聴解	読解文法	総合点	聴解比
1級国内	68	67	132	267	25%
1級国外	69	56	135	260	21%
2級国内	67	66	104	236	28%
2級国外	69	48	105	222	22%
3級国内	72	69	128	269	26%
3級国外	70	45	117	232	20%
4級国内	77	68	134	279	24%
4級国外	69	46	117	233	20%

しか果たさないことなどを主張した。これらの付随的な主張については、多くの批判が出ている（Barasch & James1994, Long1990, Schmidt1990 等）が、「理解可能なインプット」の重要性自体は広く認められ、これを前提として数多くの後続研究（Loschky1994; Pica, Lincoln-Porter, Paninos & Linnell1996; Pica, Young & Doughty1987; Trahey1996; VanPatten & Cadierno1993; VanPatten & Oikkenon1996 等）が行われている。「インプット仮説」に照らせば、聴解会話力向上のために必要なのは、音声インプットの増強による「理解可能なインプット」の摂取であり、聴解という技能がその鍵を握っていると言える。

　JFL 学習者の聴解会話能力の相対的な劣位は、主に、自然な音声インプットの不足、実際的な日本語運用場面の不足に起因すると考えられるが、JFL 環境では、教室外の自然なインプットがないからこそ、「理解可能なインプット」を増強すべく、教室学習における聴解指導に重点的な工夫が必要だと言える。しかし、現実には、海外の日本語教育現場では聴解指導はむしろ軽視される傾向にある。日本語国際センターが研修開始前の NNJLT に記入させている事前調査票で「あなたが学習者として日本語を学んだ際、どのような技能の学習が重視されていましたか」という質問に対して得られた回答は、「読むこと」「書くこと」「話すこと」「聴くこと」の順位で割合が高く、「聴くこと」は 4 技能の中で軽視されている。NNJLT の再教育においては、NNJLT の学習者としての聴解力向上に力を入れるとともに、聴解が言語習得にとって重要な技能であることを認識させることが重要である。

1.3　過程重視の聴解指導の必要性

聴解研究は、同じ理解過程である読解において進められた研究を応用して発展してきた。トップダウン処理、ボトムアップ処理、相互交流処理の 3 つの言語処理過程モデルやスキーマ理論など、読解において構築された理論（堀場 2002; 村岡 1999 等参照）が聴解にも適用されたが、こうした理論の導入を受け、聴解が単に意味を受け取る過程ではなく、話し手からのメッセージを自らの既有知識と照合させながら積極的に意味を構築する過程であるとの

理解が広まってきている（Rost 1990 等）。これに伴い、聴解の「結果」（何が聴きとれたか）を問うだけではなく、「過程」（どのように聴きとったか）を重視する聴解指導の必要性が認識されるようになってきている（Mendelsohn 1994; Rost1991 等）。これを教師の役割という観点から考えると、学習者の学習段階に合った聴解テキストを選び、学習者にテキストを聴かせて理解の「結果」を確認するという従来から認識されてきた役割に加え、理解の「結果」をもたらす「過程」に注目し、意味構築の「過程」で学習者が駆使すべき「モニター」「予想」「推測」等の聴解ストラテジーの指導に力を注ぐべきだという主張である。

　しかし、上述のように、海外の日本語教育の現場では、聴解技能の学習は軽視される傾向にあるばかりでなく、その指導方法においても特別な工夫がこらされることがない。尹（2002a, 2005）は、中国の大学における日本語聴解授業の実態を調べているが、①大学側が、聴解授業はテープを流すだけで、教えるテクニックをあまり要しないと考えていること、②聴解指導法としては、「テープを繰り返して聴き、語彙や文の積み重ねによって、全体の内容を理解させるというボトムアップ型の指導法を取っている」（尹 2005: 43–44）こと等を指摘している。

　NNJLT の再教育においては、NNJLT 自身の聴解力の伸長に向けて過程重視の聴解指導を導入し、NNJLT にとって新しい聴解学習とその効果を体験させることが求められる。また、NNJLT が帰国後の日本語指導において、過程重視の聴解指導を実践し、海外各地の日本語教育において過程重視の聴解指導とその効果が力を発揮していくことが望まれる。

　本研究では、NNJLT の聴解過程の実態を明らかにした上で、指導を経た変化を観察していくが、その際、対面聴解を調査対象とする。聴解学習ではテープや CD などの非対面聴解の学習素材が中心的に用いられていること、また、特に聴解テストが非対面聴解の力を測っていることなどの影響を受け、言語学習における聴解と言えば非対面聴解を思い浮かべることが一般的になっているが、実際の言語生活における聴解活動の中心は、言うまでもなく、話し手と向かい合った対面聴解である。学習者は対面聴解において質問や反応などを活発に発することにより、話し手から「理解可能なインプッ

ト」を引き出し、その結果、理解を補足すると同時に自らの言語習得を促進することができる。そこで、本研究は対面場面における聴解過程を調査対象とし、次の2点を研究課題とする。

【研究1】　NNJLT の対面聴解過程はどのようになっているか
【研究2】　NNJLT の再教育において、過程重視の聴解指導は、NNJLT の対面聴解過程をどのように変化させるか

1.4　第2言語教師教育における学習体験の重要性

前節で NNJLT の聴解学習観および聴解指導観の変容を促す必要性を述べたが、第2言語教師教育の分野では、現職教師の学習観や指導観の変容は容易でないことが指摘されている。Freeman & Richards (1996)、Velez-Rendon (2002) は、第2言語教師教育の実証研究文献を概観し、教師の言語教育に関する認識や思考は、教師自身が学習者として経験した学習経験の影響を強く受けていることを指摘している。日本語国際センターで受け入れる NNJLT の学習観、指導観についても、彼ら自身が学習者として受けた初期日本語教育の影響を強く受けていることがこれまでの経験から推察される。しかし、同時に、教授経験1年〜5年の若手教師を対象に約6ヶ月に渡って行う再教育では、新しい学習体験が新たな学習観、指導観を形成する可能性もあると言える。本研究では、研究対象とする NNJLT が学習者として受けた聴解学習の実態、教師として行ってきた聴解指導の実態について調査し、初期学習体験が学習観、指導観に与えた影響を明らかにした上で、次のことを第3の研究課題とする。

【研究3】　NNJLT の再教育において、過程重視の聴解指導という新規学習体験は、既得の学習観、指導観をどのように変容させるか

　以上のように、本研究は、まず、①調査対象者である NNJLT を日本語学習者としての側面から観察して、その対面聴解過程の実態を横断的に調査

し、次に、再教育を経た NNJLT の対面聴解過程を縦断的に調査して、その変化を検証する。さらに、②NNJLT を日本語教師としての側面から観察して、その学習観、指導観が再教育を経てどのように変容するかを検証する。すなわち、本研究は、①第2言語の聴解過程研究と②第2言語教師教育研究の2つの研究領域を対象として行うものである。

1.5 調査対象者の背景

【研究1】【研究2】【研究3】に共通する調査対象者の背景は表1–2の通りである。また、日本語能力試験（以後、日能試）および全米外国語教育協会（ACTFL）による口頭能力試験 Oral Proficiency Interview（以後、OPI）で測定された日本語運用力については表1–3の通りである。国籍は、インドネシア8名、ロシア5名、タイ2名、カンボジア、ベトナム、ネパール、スリランカ、マダガスカル、グルジア、ニュージーランド、コロンビア各1名である。

表1-2　調査対象者の背景

年齢	男女比	再教育前の日本語学習歴	再教育前の滞日歴	再教育前の教授歴	教授対象
19～32歳　平均 26.5歳	女性の比率約70%	1～7年　平均 4.2年	なし　20名　1ヶ月未満 2名　3年間　1名	1～5年　平均 3.4年	大学生 20名　一般成人 3名

表1-3　調査対象者の日本語運用力

	再教育前の日能試3級得点率	再教育前の日能試2級得点率	再教育前のOPI判定	再教育後の日能試2級得点率	再教育後のOPI判定
分布	65%～95%	30%～60%	中級下～中級上	45%～80%	中級上～上級中
平均値(STD)	81%(6%)	46%(7%)		60%(8%)	

1.6　本研究の構成

第1章に続く第2章では、聴解過程に関する先行研究と第2言語教師教育に関する先行研究について概観する。第3章では、上記【研究1】を扱い、対面場面における聴解過程の分析について報告する。第4章では、上記【研究2】を扱い、過程重視の聴解指導が対面聴解の過程をどのように変化させたかについて報告する。第5章では、上記【研究3】を扱い、まず、NNJLTが学習者として受けた初期学習における聴解指導の実態と教師として行ってきた聴解指導の実態について調査した後に、新規学習として経験した過程重視の聴解指導がNNJLTの学習観および指導観をどのように変容させたかについて報告する。第6章では、【研究1】【研究2】【研究3】に関して得られた結論について総括する。以下の図1-1に、本研究の構成を図示する。

```
┌─────────────────────────────────────────────┐
│          第1章：研究の背景と目的             │
│  (1) 海外の日本語教育における聴解指導改善の必要性 │
│  (2) 過程重視の聴解指導の必要性              │
│  (3) 第2言語教師教育における学習体験の重要性  │
└─────────────────────────────────────────────┘
                      ↓
┌─────────────────────────────────────────────┐
│              第2章：先行研究                 │
│ 第2言語における聴解過程に関する研究  第2言語教師教育に関する研究 │
└─────────────────────────────────────────────┘
         ↓                           ↓
┌──────────────────────┐   ┌──────────────────────┐
│  第3章：【研究1】      │   │  第5章：【研究3】      │
│  聴解過程の分析        │   │  聴解の学習体験が      │
│ (1) テキストをよく理解した聴き手とそう │   │  学習観・指導観に及ぼす影響 │
│    でない聴き手では、対面場面の聴解   │   │ (1) NNJLTは、学習者としてどのよう │
│    過程はどのように異なるか。         │   │    な聴解指導を受けたか。        │
│ (2)「モニター範囲」とテキスト理解(テキ │   │ (2) 学習者として受けた聴解指導は、 │
│    スト再生率)の間には相関関係があるか。│   │    自身の聴解指導にどのような影響 │
└──────────────────────┘   │    を与えたか。                   │
           ↓                 │ (3) 日本での過程重視の聴解指導によ │
┌──────────────────────┐   │    る新規学習体験は、NNJLTの聴   │
│  第4章：【研究2】      │   │    解学習観・指導観をどのように変 │
│  過程重視の聴解指導の効果 │   │    容させるか。                   │
│ (1) 過程重視の聴解指導により対面場面 │   │ (4) 過程重視の聴解学習体験による聴 │
│    の聴解過程はどのように変わるか。   │   │    解過程の変化は、聴解学習や指導 │
│ (2) 過程重視の聴解指導は聴解力の向上 │   │    に関する意識の変化とどんな関連 │
│    に効果があるか。                   │   │    があるか。                     │
└──────────────────────┘   └──────────────────────┘
              ↓                       ↓
┌─────────────────────────────────────────────┐
│          第6章：結論と今後の課題              │
│ (1) 対面場面における聴解過程の解明           │ (4) 再教育における新規学習が │
│ (2)「モニター範囲」を指標とした聴解過程の分析 │    NNJLTの認識に与える影響 │
│ (3) 聴解ストラテジーの指導可能性の検証        │ (5) 上記(4)の検証による再教育 │
│                                              │    プログラムの評価         │
└─────────────────────────────────────────────┘
```

図1-1　本研究の構成

第 2 章
先行研究

本研究は、①第 2 言語における聴解過程の研究と②第 2 言語教師教育研究の異なる 2 分野に跨って行われることから、以下では、①②それぞれの先行研究を分けて概観する。

2.1　第 2 言語における聴解過程に関する先行研究

聴解は言語活動の中心を成し、また「インプット仮説」(Krashen 1985) が主張するように言語習得の基盤となる技能であるにもかかわらず、4 技能の中で指導法の開発が最も遅れている。聴解指導において、教師はテープや CD などを用いて音声テキストを学習者に聴かせ、理解を確認する以外に何をすべきであろうか。学習者に「何を聴かせるか」というテキストの質と量の検討に加えて考慮すべきは、「どのように聴かせるか」という方法であるが、この方法を探るに当たっては、学習者が「どのように聴いているか」という「過程」を明らかにすることが不可欠である。聴解関連の文献レビューには、すでに尹 (2002)、福田 (2002)、横山 (2004)、Long (1989)、Lynch (1998)、Mendelsohn (1998)、Oxford (1993)、Rubin (1994) があるが、以下では、特に聴解過程に関する研究に焦点を当て、これら先行レビュー研究の成果も導入して概観していく。まず、周辺分野との関連から聴解過程研究の位置づけを確認した後、聴解の種別、聴解過程の調査方法と調査内容、言語運用力および聴解力と聴解過程の関係、聴解過程の指導という順番に、これまでの研

究成果と残された課題を整理する。

2.1.1 周辺分野との関連
2.1.1.1 読解研究との関連
聴解過程の研究は、読解過程の研究成果(堀場 2002; 村岡 1999 等参照)に負うところが大きい。たとえば、読解研究において開発されたスキーマ理論の適用を受け、聴解でも、聴き手は音声として入力されたテキストをスキーマと呼ばれる構造的な知識を使って解釈していると考えられるようになった。また、文字から語、語句から節へと少しずつ対象を拡大しながら情報処理が行われるボトムアップ処理、スキーマを活用した予測や推測を手がかりに理解を進めていくトップダウン処理、その両方の処理が交互に行われる相互交流処理という三つの言語処理過程が読解においてモデル化されたが、これら三つのモデルは聴解にも適用して考えられるようになった。

聴解研究文献を概観した Long (1989) は、読解において開発されたスキーマ理論を聴解にも適用する実証研究の必要性を主張し、その中で、第 2 言語の聴解においてスキーマが果たす役割を調査した研究を 3 点紹介している。①視覚的キューは聴解の直前に提示しても直後に提示しても理解を促進したとする研究 (Mueller 1980 in Long 1989)、②ニュース聴解におけるテキスト・スキーマと内容スキーマの両方の重要性を指摘する研究 (Weissenreider 1987 in Long1989)、③第 1 言語および第 2 言語における聴解実験で、トップダウン処理とボトムアップ処理の両者が機能している実態を示すとともに、第 1 言語でも第 2 言語でも効果的 (effective) でない聴き手にはボトムアップ処理が特徴的であることを指摘した研究 (Voss 1984 in Long 1989)。このような研究を経て、聴解は、読解と同様、単に意味を受け取る過程ではなく、聴き手の既有知識を援用しながら積極的に意味を構築する過程であるとの理解が定着するようになった。

読解と聴解はともに理解過程であるという共通項を持つ一方で、相違点も多い。読解は文字言語、聴解は音声言語と媒体が異なること、読み手は通常読みの進度を自分で統制できるのに対し、聴解ではそれができないことなどにより、両者の理解過程の実際には違いがある。Lund (1991) は、ドイツ語

を学習する大学生 60 名を対象に、30 名には読解、残りの 30 名には聴解をさせ、その直後に再生させたデータを比較して分析した。その結果、聴き手の再生は読み手よりも多くの誤りを含んでいることを明らかにした。また、読み手が主要概念も細部も聴き手より多く再生した一方で、聴き手の再生では、主要概念の再生の方が細部の再生よりも多いという特徴があることがわかった。聴き手は言語的に理解できた部分がいかに少なくても、単語レベルの再生ではなく、意味のある文脈を創造した再生をする傾向が見られ、聴き手の再生に誤りが多い理由として、トップダウン処理に依拠した特異な意味構築をしていることを示唆し、不適切なスキーマの活用は理解を損なうという警告を発している。

　Tsui & Fullilove (1998) は、2 万人規模の標準テスト結果をデータとし、聴解テストにおけるパフォーマンスの識別にとって、トップダウン処理とボトムアップ処理のどちらの方が重要な要因になっているかを調べた。その結果、テキストの冒頭で活性化されたスキーマと相反する言語インプットが後続のテキストに現れた場合、その言語理解に失敗したことが誤答に結びついているという事実を報告し、ボトムアップ処理の重要性を主張している。Tsui & Fullilove の研究結果は、聴解におけるボトムアップ処理の重要性という点で Lund (1991) の結果と呼応しており、聴解が読解と類似した理解過程を示しながらも、音声インプットをリアルタイムに処理する必要性から、テキスト内情報の正確な処理と保持が理解結果を左右する要因として読解以上に重要であることを知らせている。このことを受け、本研究における聴解過程の分析においては、聴き手が理解の手がかりとして参照するテキスト内情報の範囲を分析の指標として重視する。

2.1.1.2 ストラテジー研究との関連

聴解過程に関するこれまでの研究は、聴解過程で聴き手が用いるストラテジーの研究を中心に行われてきた。聴解ストラテジーは、Rost (2001：10) では、次のように定義されている。

　　Listening strategies are conscious plans to deal with incoming speech, particularly when the listener knows that he or she must compensate for incomplete input or partial understanding.

聴解ストラテジーは、聴き手が音声言語を理解に結びつける際、特に不完全なインプットや部分的な理解を補う際に用いる意識的な計画である。　　　　　　　　　　　　　　　　　　　　　　　　（本書筆者訳）

　聴解ストラテジー研究は、これに先んじて研究が始まった学習ストラテジー研究を基盤に進められた。言語教育における学習ストラテジーは、「学習者が言語を習得するために自律的に使ういろいろな行動」（ネウストプニー 1999: 3）、「言語知識や技能をより効率的に習得するために学習者が用いるテクニックや工夫」（日本語教育学会編 2005: 708）と定義され、その整理・分類にはいくつかの異なる試み（ネウストプニー 1999; Rubin 1981; Oxford 1990 等）がある。また、同一の分類の中でも一つの行動が複数のストラテジーとして解釈されることが少なくない。多くの既出の研究（たとえば、O'Malley & Chamot 1990; Oxford 1990; Wenden 1998; Vandergrift1997a, 2003 等）で用いられ、現在最も一般的だと思われる分類としては、次の4種がある。①メタ認知ストラテジー（学習の計画やモニター、評価など、学習を統制するプロセス）、②認知ストラテジー（言語の反復、分析、要約、推測、精緻化など、実際の言語タスクを操作するプロセス）、③社会ストラテジー（対話相手に助けを求める、仲間と協力するなど、社会的なリソースを活用するプロセス）、④情意ストラテジー（自らの不安を軽くする、勇気づけるなど、学習の動機や意欲を統制するプロセス）。また、③④を統合して「社会情意ストラテジー」とする研究もある。聴解ストラテジー研究の多くも、これらの分類を用いて、ストラテジーを整理している。

2.1.1.3　第1言語の聴解研究との関連

第2言語の聴解ストラテジー研究は、第1言語における理解過程の研究を基盤としている。認知心理学者の Anderson（1985）は、第1言語における聴解を① perceptual processing（知覚的処理：音声が記憶に保持される過程）、② parsing（言語分析：言語が意味のある心的表象を形成する過程）、③

utilization（活用：②で形成された心的表象が既有知識と関連づけられる過程）の 3 段階に分解してモデル化した。言語学習ストラテジーの研究を進めてきた O'Malley らは、第 1 言語理解において理論化されたこの 3 段階を第 2 言語理解に適用し、第 2 言語の聴解ストラテジーがこれらの各段階に対応して観察できることを実証した (O'Malley, Chamot & Kupper 1989)。

　また、前述の Long (1989) は、第 1 言語の聴解におけるスキーマの果たす役割について先行研究を概観し、これまでの研究の中で明らかにされた理解の変数として、①視覚的・言語的な contextual organizers、②物語構造に関する知識、③文化的スキーマ、④非言語キューによるスキーマの活性化等を挙げている。読解研究において理論が形成され、第 1 言語の聴解ではある程度検証の進んだスキーマ理論について、Long (1989) は第 2 言語聴解における検証の必要性を訴えているが、この時点では、まだ聴解過程の実証的な研究はごく僅かしか行われていない。しかし、前述の O'Malley et al. (1989) が一つの契機として大きな役割を果たし、90 年代以降聴解ストラテジー研究が静かながら広がりを見せるようになった。

2.1.2　聴解の種別：対面聴解と非対面聴解

聴解における聴き手の役割は、自らが会話の参加者である場合から、ラジオやテープ等の聴解のように自らは談話に参加することができない場合まで様々であるが、ここでは、話し手と対面して聴く「対面聴解」と話し手と対面しない「非対面聴解」の 2 種に分ける。

　第 1 章で述べたように、現状の聴解学習では、非対面聴解が中心的位置を占めているが、実際の言語生活では、むしろ対面聴解の方が主要な役割を果たす。また、対面聴解における質問や反応は、話し手から「理解可能なインプット」(Krashen 1985) を引き出すという意味で、言語習得を駆動する重要な技能である。日本語母語話者との対話場面において学習者の理解に問題が生じた際の「聞き返し」は、コミュニケーション・ストラテジーの研究として盛んに行われてきた (池田 2003; 猪狩 1999; 尾崎 1992, 1993; 田中・姉歯・河東 1986; トムソン 1994; 西村 2004; 堀口 1988, 1990; 福間 1994; 横須賀 2000; Miyazaki 1999 等)。しかし、これらの研究は、聞き返しの「発話」に

注目し、その発話機能や表現形式の分類に重点を置いているという点で、聴解過程の研究とは異なる。

　対話場面の聴き手の観察において、あくまでも「理解」に焦点を当て、聴き手の質問や発話を含む反応を理解のプロセスとして位置づけたのはRost (1990)である。Rostは、情報処理理論（information processing theory）に代えて関連性理論（relevance theory）に立脚することにより、理解を話し手と聴き手の協働による成果だと捉え、対面場面で、聴き手があいづちを打つ、反応を示す、理解確認の質問をするなど、理解の程度を表出することを聴き手の重要なストラテジーだとした。また、Rost (1991)では、この考えを導入した多様な聴解学習活動を紹介し、聴解教育に対面聴解のストラテジー指導を導入する必要性を訴えた。実際の言語生活の中心が対面聴解だということはわかっていても、現実の教室学習（特に海外の日本語教育現場）においては、多数の学習者を対話場面の聴き手として、一人一人に反応や質問の機会を与えることは難しい。しかし、Rost (1991)の聴解活動集では、ペアワークやグループワークを利用して学習者自身を対話に参加させる活動に加え、一斉クラス活動においても擬似的に反応や質問をさせる活動、意味構築の過程で進行する予想や推測を明示的に表出させる活動等が紹介され、聴解において聴き手が果たす積極的な役割の意識化が重視されている。

　一方、非対面聴解においては、反応や質問を表出する機会がない。しかし、対面聴解における反応や質問と同様の過程が、非対面聴解においては隠在的な自問自答という形で機能し、理解のモニターを支えると想定される。また、予想や推測のストラテジーについては、非対面聴解でも同様に活用することができる。

　以上に述べたように、対面聴解も非対面聴解も、聴き手による積極的な意味構築の過程であるという点では共通であることを確認した上で、①対面聴解の方が実際の言語生活における聴解を想起させやすいこと、②対面聴解における質問や反応の技能が言語習得を駆動する機能を持つこと、さらには③NNJLTの教師としての聴解観に対面聴解のストラテジーを組み入れる必要があることから、本研究における聴解指導では、従来あまり扱われてこなかった対面聴解のストラテジーを積極的に導入することにする。また、2.1.3

で詳述するが、聴解過程の研究動向として、非対面聴解への偏重が指摘できることから、本研究の聴解過程調査では、対面聴解を扱うことにする。

2.1.3 聴解過程の調査方法と調査内容

表 2–1 は、これまでの聴解過程に関する先行研究をまとめたものである。これまでに追求されてきた課題は概ね次の 4 点に整理できる。(1) 聴き手はどんなストラテジーを使って聴いているか、(2) 言語運用力とストラテジー使用の間にはどんな関係があるか、(3) 聴解力とストラテジー使用の間にはどんな関係があるか、(4) 聴解ストラテジーは教育によって指導可能か。聴解過程の先行研究を示した表 2–1 の「研究課題」の欄では、これら (1)～(4) の研究課題の該当するものに○印を付けてある。「聴解の種別」の欄には、「聴解全般」という種別があるが、これは、対面・非対面を区別せず聴解活動全般を対象にストラテジー使用を調査している研究である。本節では、「(1) 聴き手はどんなストラテジーを使って聴いているか」という研究課題を扱う先行研究を「聴解全般」「非対面」「対面」の順番に取り上げ、聴解過程の調査方法と調査内容を概観する。

2.1.3.1 聴解全般の調査方法と調査内容

聴解全般を扱った研究 4 件について、表 2–1 の「データ」欄を参照すると、それぞれインタビュー、聴解ダイアリー、調査票によって学習者がどんなストラテジーを使って教室内外の聴き取りを行っているかを調査している。

　Vandergrift (1996) は、高校生フランス語学習者に対するインタビューで、教室で教師の話を聞く際、また聴解の教室活動の際、さらには教室外の聴解においてどんな方法を使うかを聴取することにより抽出したストラテジーを O'Malley & Chamot (1990) および Oxford (1990) の分類・定義を基盤に整理している。その結果提示されたストラテジー・リストは、Vandergrift (1997a) から引用した表 2–2 (2.1.3.2 で詳述) とほぼ重なるものである。

　Goh (1997) は、中国人英語学習者に教室内外の聴解に関して観察したことや考えたことなどを記録する聴解ダイアリーを 10 週間分書かせ、そこで得られた学習者の知識やビリーフを次にあげる Wenden による学習者のメタ

表2-1 聴解過程の先行研究一覧

研究者名 (発表年順)	研究課題 (1) どんなストラテジー	(2) 運用力との関係	(3) 聴解力との関係	(4) 指導可能か	被験者	データ	聴解の種別
O'Malley et al. (1989)	○		○		高校生ESL学習者（母語：スペイン語）11人	テープ聴解の理解過程をポーズ箇所での発話思考により調査	非対面
Rost & Ross (1991)	○	○		○	大学生英語学習者（母語：日本語）72人	対面聴解場面での質問や反応を収集	対面
Buck (1991)	○	○			大学生英語学習者（母語：日本語）6人	聴解試験の回答に至る過程を直後の回想により調査	非対面
日本語教育学会・調査研究第1小委員会 (1992)	○				日本語学習者（母語：多様）	聴解試験の回答に至る過程を発話思考法により調査	非対面
Vogely (1995)	○		○		スペイン語学習者（母語：英語）83人	ストラテジーに対する意識や使用状況を尋ねる調査票	聴解全般
水田 (1995a, 1995b, 1996)	○	○	○		大学生日本語母語話者5人 大学生日本語学習者（母語：中国語）10人	聴解終了後に再度テープを聞きながら理解過程を回想	非対面
Thompson & Rubin (1996)	○			○	ロシア語学習者36人（記載なし）	ビデオ聴解についてストラテジー指導を1年間行い、前後のテスト結果を統制群と比較	非対面
Vandergrift (1996)	○	○			高校生フランス語学習者（母語：多様）36人	教室内外の聴解活動で使うストラテジーをインタビューにより聴取	聴解全般
Goh (1997)	○				大学生英語学習者（母語：中国語）40人	10週間分の「聴解ダイアリー」の分析	聴解全般
Vandergrift (1997a)	○	○			高校生フランス語学習者（母語：多様）21人	テープ聴解の理解過程をポーズ箇所での発話思考により調査	非対面
Vandergrift (1997b)	○	○			高校生フランス語学習者（母語：多様）20人	ビデオ録画したOPIインタビューの分析	対面
Ross (1997)	○				大学生英語学習者40人（記載なし）	聴解試験の回答に至る過程を直後の回想により調査	非対面
Wu (1998)	○	○			中級レベルの英語学習者（母語：中国語）10人	聴解試験の回答に至る過程を発話思考により調査	非対面
尹 (2001)	○				大学生日本語（専攻）学習者（母語：中国語）28人	ストラテジー使用状況を尋ねる調査票	聴解全般
Goh (2002)	○		○		大学生英語学習者（母語：中国語）40人	聴解の発話思考による分析「聴解ダイアリー」の分析	非対面
Vandergrift (2003)	○		○		中学生フランス語学習者（母語：多様）36人	テープ聴解の理解過程をポーズ箇所での発話思考により調査	非対面

(1) 聴き手はどんなストラテジーを使って聴いているか　(2) 聴解力とストラテジー使用の間にはどんな関係があるか
(3) 言語運用力とストラテジー使用の間にはどんな関係があるか　(4) 聴解ストラテジーは教育によって指導可能か

16

認知の分類を用いて整理している。以下の①〜③の定義は Wenden (1998：518-519) による。また、〈　〉内は Goh の調査から抽出された例である。

① person knowledge：言語学習に影響を与える要因として知っていることのうち「人」に関するもの〈例：語彙の不足が理解の障害になっていること、知っている言葉が聴きとれないことがあること、目標言語との接触が少ない社会環境が聴解力上達の障害になっていること等〉
② task knowledge：学習タスクの目的や性質について知っていること〈例：既有知識が理解に影響を与える要因になっていること、第１言語における聴解との共通性や相違点についての認識等〉
③ strategic knowledge：ストラテジーについて知っていること〈例：視覚資料を理解の助けにすること、対人の聴き取りでは繰り返しを要求することによって理解の質を上げることができること、興味のある内容を聴くことが聴解力の上達につながること等〉

　Vogely (1995) は、英語を母語とするスペイン語学習者 83 名に対し、「よい聴き手はどのように聴いていると思うか」「あなた自身はどのように聴いているか」を問い、さまざまなストラテジーがリストされた選択肢の中から選ぶ等の方法で回答を求めた調査票を分析した。「要点を掴んで聴く」「背景知識を利用して聴く」などのストラテジーがよい聴き手の用いる方法として高く評価される一方で、学習者自身はそれらのストラテジーを実際にはさほど用いていないという結果が得られ、学習者は効果的なストラテジーについての知識は持っていても、使い方に習熟しておらず、ストラテジー指導の必要性があると結ばれている。
　尹 (2001) は、中国人日本語学習者を対象に Oxford (1990) の「言語学習のためのストラテジー調査」(SILL: Strategy Inventory for Language Learning) を参考にした調査を行い、ストラテジー使用の実態を調べた。教室内では「視覚的情報を見ながら聴く」「興味があるところは熱心に聴く」「メモを取る」というストラテジーが、教室外では「目標をたてる」「テープを繰り返して聴く」というストラテジーがよく使われているという結果があり、この

結果を中国人学習者の学習環境や学習スタイル、使用教材等との関連から考察している。

2.1.3.2　非対面聴解の調査方法と調査内容

表2–1の「データ」欄が示すように、非対面のストラテジーを調べている研究は、いずれも発話思考法あるいは回想法によってデータを収集している。発話思考法は、主に認知科学や認知心理学の分野で開発された研究方法で、被験者の頭に浮かぶすべてのことを語らせることを通して認知・心理過程を観察しようとするものである。言語教育においては、聴解研究に先立って読解研究で取り入れられ、日本語教育でも発話思考法による読解研究がすでに成果をあげている (Horiba 1996; 森 2000; 館岡 2001 等)。読解では、被験者が自分のペースでテキストを読み進めながら随時考えていることを口に出して表出させる手法が一般的だが、聴解では「自分のペースで」聴きを進めることができないことから、ここで概観した発話思考法を用いた研究4件は、いずれも予め設定されたポーズ箇所で発話思考をさせている。発話思考の録音を文字化した資料 (プロトコル) から、そこで使われていると解釈されるストラテジーを抽出するのである。通常 20–30 秒毎にポーズを設けるが、その 20-30 秒の間に進行した思考がすべて記憶され、すべて表出されるという確証のないこと、ポーズを設けて行う聴解自体が不自然であり、ストラテジー使用やテキスト理解に影響を及ぼす可能性が否定できないことなど、発話思考法に対する問題点は指摘されている (Bacon 1992: 162; Long & Bourg 1996; Ridgway 2000: 180 等)。

　一方、回想法は、テープ聴解が終わった後で、再度テープを聴き直しながら (最初にテープを聴いた際に) 考えたことを語らせる。回想法では、聴き直しの際のテープは随時停止することができるため、発話思考法より小刻みで詳細な思考表出が得られる可能性がある一方で、最初にテープを聴いた時の思考の記憶が薄れたり、再度聴き直している際の思考が混在したりする可能性がある。このようにいずれの方法も弱点を持つが、しばしば「ブラック・ボックス」と形容される聴解過程を可視化し、分析可能なデータを収集する手段として、聴き手自身に聴解過程を表出させるこれらの調査方法は、

現在のところ最善のものだと思われる。（発話思考法、回想法を含むプロトコルの収集・分析については、海保・原田 1993 が詳しい。）

以上のような調査方法によって抽出されたストラテジーの内容と分類を見てみよう。O'Malley et al. (1989) は、高校生 ESL 学習者を対象に発話思考法で調査を行い、前述の通り、学習者の使う聴解ストラテジーが Anderson (1985) による 3 段階の理解のプロセス（①知覚的処理、②言語分析、③活用）に分けて観察されることを実証し、第 2 言語における聴解ストラテジー研究に先鞭をつけた。

Vandergrift (1997a, 2003) は、中等教育におけるフランス語学習者のテープ聴解過程を発話思考法によって調査し、そのデータから抽出したストラテジーを Vandergrift (1996)、O'Malley et al. (1990)、Oxford (1990) に追加し、これまでの研究成果を蓄積したストラテジー・リスト（表 2–2）を作成した。また、発話思考プロトコルの分析からストラテジーの使用頻度を調べ、認知ストラテジーの使用が全体の 9 割近くを占めていること、メタ認知ストラテジーの使用は 1 割程度であることを報告している。

水田 (1995a, 1995b, 1996) は、日本人母語話者 5 名、中国人日本語学習者 10 名のテープ聴解過程を回想法によって調査し、表 2–2 に引用したストラテジーを抽出した。また、テキストの流れに沿ってストラテジーが連続的に使われる現象を「ストラテジーの連鎖」と名づけて注目した。たとえば、テキスト理解の面で問題が生じたことを認識する「問題特定」のストラテジーが使用された後、引き続き他のストラテジーによってその問題の追跡処理を行い、一連の流れとして見ると「問題特定」→「保留」／「推測」→「確認」などの連鎖が生じている現象を報告し、このような連鎖がテキスト理解にとって効果的であることを指摘した。

Goh (2002) は、中国人英語学習者のテープ聴解過程を発話思考法によって調査し、そのデータから抽出したストラテジーをさらに「タクティクス」（tactics）と呼ぶ具体的な手段に分類した。たとえば、「推測」のストラテジーには「文脈による手がかりを使う」「世界知識を援用する」「視覚的な手がかりを使う」などの「タクティクス」が分類されている。「タクティクス」という概念を使った理由として、これまでの研究で抽出されてきたストラテ

表2-2　Vandergrift(1997a)および水田(1995a)によるストラテジーの分類

	Vandergrift (1997a) による分類		水田 (1995a) による分類
メタ認知ストラテジー	(1) Planning	(a) Advance organization (b) *Directed attention* (c) *Selective attention* (d) Self-management	注意のコントロール(M1-b, c) 自己モニター (M2)
	(2) *Monitoring*	(a) Comprehension monitoring (b) Auditory monitoring (c) Double-check monitoring	
	(3) Evaluating	(a) Performance evaluation (b) Strategy evaluation	
	(4) Problem identification		
認知ストラテジー	(1) *Inferencing*	(a) Linguistic inferencing (b) Voice and paralinguistic inferencing (c) Kinesic inferencing (d) Extra-linguistic inferencing (e) Between parts inferencing	推測 (C1) 精緻化 (C2) イメージ (C2-f) 言い換え (C3) 確認………M2-c との関連 問題特定…M4 との関連
	(2) *Elaboration*	(a) Personal elaboration (b) World elaboration (c) Academic elaboration (d) Questioning elaboration (e) Creative elaboration (f) *Imagery*	テキスト構造の認知 予測 保留 聞き流し 内容へのコメント 話し方へのコメント
	(3) *Summarization* (4) Translation (5) Transfer (6) Repetition (7) Resourcing (8) Grouping (9) Note taking (10) Deduction/Induction (11) Substitution		
社会情意ストラテジー	(1) Questioning for clarification (2) Cooperation (3) Lowering anxiety (4) Self-encouragement (5) Taking emotional temperature		

ジーはすべてが並列関係にあるのではなく、ストラテジー相互に上位・下位の関係が存在する可能性があること、同じストラテジーとして分類される思考過程にも効果的なものとそうでないものがあり、ストラテジーを「タクティクス」に分類することでその検証ができる可能性があることを挙げている。

非対面の聴解を扱った研究のうち4件は、聴解テストにおける解答のストラテジーについて調べている。テストにおける聴解活動は、（多くの場合多肢選択において）正答を得ることが焦点となり、日常生活における聴解とは目的が異なるが、以下に簡単に紹介する。

日本語教育学会・調査研究第1小委員会(1992)は、日本語能力試験(以下、日能試)の聴解問題の改善を目的として、いくつかの出題に関し、受験者が問題を聴いて選択肢を選ぶまでの間に考えたことを発話思考法により調査し、その記録を分析した。その結果、音声面、言語面、社会文化的知識、出題方法、受験者の解答への取り組み方等、聴解活動に影響する要因を抽出した。また、分析を通じて、テストの信頼性や妥当性に影響を与える次のような問題点を挙げている。①出題形式（出題内容や出題方法、例の与え方等）と受験者の出題形式への慣れ、②選択肢の長さが記憶に与える負荷、③正解の選択肢とテキストに含まれる語句との重なり等。

Wu(1998)は、中級レベルの中国人英語話者10名を対象に、①多肢選択聴解テストにおいて被験者は言語知識と非言語知識をどのように使っているか、②多肢選択形式は被験者のパフォーマンスにどのような影響を持つかという2点の研究課題について調べ、以下のような結果を報告している。①すべての被験者が言語知識と非言語知識の両方を平行して使うが、言語知識の方が基盤になり、非言語知識は不完全な理解を補うため等に使われることから、運用力の低い被験者の場合は非言語知識の活用が誤答に結びつくことも少なからずあった。②多肢選択形式は、運用力の低い被験者が十分な言語理解のないまま当てずっぽうの推測で解答してしまうなどの点において、構成概念妥当性を損なっている。

Buck(1991)は、聴解テストにおいて、テキストの言語面の理解だけでなく、内容面の推論能力やモニター能力を測ることを目指し、日本人英語学習

者6名を対象に、短い自由記述式の解答を求め、解答に至る過程を回想法によって調べた。推論やモニターを求める質問項目については、解答そのものについて正誤の判断が困難であるなど、テスト作成上の課題が残った。しかし、聴解には言語理解の面と推論等の解釈の面があり、テキストで明白に述べられた事実をテストするだけでは「聴解」の一部分しか測定しないことになることを強調している。

　Ross (1997) は、大学生英語学習者40名を対象に、短い説明をテープで聞いてその内容に最も合ったイラストを選ぶという聴解テストについて、被験者が何を聞き取り、なぜそのイラストを選んだのかを各問直後の回想により聴取した。その結果、音声インプットからの意味処理の程度によって、次の8つに分類される多肢選択ストラテジーを抽出した。① Noise, ② Distraction, ③ Syllable restructuring, ④ Syllable identification, ⑤ Key word association, ⑥ Linked key words, ⑦ Phrases, ⑧ Complete images. 使われたストラテジーと解答(正／誤答)との関連や正答率の高い学習者と低い学習者との比較などを通して、聴き取ったインプットを解答に結びつける過程にどんな要因が働いているかを分析している。

　聴解は、言語テストの中でも妥当性の確保が最も難しいと思われる技能部門であり、日能試と口頭能力試験 OPI の相関分析によっても、文法・読解など他技能と比べて OPI 結果との相関が相対的に低いことが指摘されている(横山・木田・久保田 2002, 2004)。また、日能試聴解部門が現実の日本語使用場面をどの程度反映しているかを問題テキストの分析を通して調査した谷(2004)は、日能試の聴解問題が「意味の理解」を重視し、「発話の意図を汲み取る」能力や「発話に反応して行動する」能力を測定できていないことを指摘している。テストにおける聴解過程のさらなる追求によって、テストの妥当性を検証し、より妥当性の高いテストの開発に貢献できる可能性が高い。また、上述の Buck (1991) が指摘する推論能力やモニター能力、谷(2004)が指摘する発話意図や反応をテストの実用に導入することができれば、その波及効果が学習者や教師の聴解観に与える影響も大きいものと思われる。

　以上、非対面聴解を扱った研究を概観すると、発話思考法あるいは回想法を用いることによって、さまざまな目標言語、さまざまな運用力レベルの学

習者に対して具体的なテキスト理解に即したストラテジー使用の実態が明らかになってきていることがわかる。表 2–2 に示した Vandergrift (1997a) の聴解ストラテジー・リストは、これまでの研究成果の集大成と言ってよい。また、プロトコル分析を通し、水田の「ストラテジー連鎖」の現象、Goh の「タクティクス」という概念を用いて聴解過程の質を観察する方法論など、新しい知見も生まれてきている。しかし、発話思考法および回想法によって採取したデータの信頼性、妥当性の問題に加え、データ採取後のプロトコル分析においても信頼性の問題があることを認識しておく必要がある。（この問題は 2.1.3.4 で検討する。）

2.1.3.3　対面聴解の調査方法と調査内容

対面聴解を扱った先行研究としては Rost & Ross (1991) がある。Rost & Ross は、英語を学習する日本人大学生 72 名が、それぞれ個別に 1 対 1 の対面で特定のテキストを聴いた際に、予め設定されたポーズ箇所で話し手に向けて発した質問や反応を記録し、そこで表出された質問および反応から対面聴解の聴き手として使用しているストラテジーとして、次の 3 種を抽出した。① Global Questioning Strategy：一区切りのテキスト全体の意味を聞き質したり、その部分の理解には問題がなかったことを知らせる、② Local Questioning Strategy：特定の語やテキストの特定部分の意味を聞き質す、③ Inferencial Strategy：先行テキストの理解に基づいて推論する。

　この他に対面聴解を扱った研究としては、高校生フランス語学習者に対する OPI インタビューをビデオ録画し、そこで学習者が使った聴き手としてのストラテジーを抽出した Vandergrift (1997b) がある。Vandergrift は、Rost & Ross (1991) で抽出されたストラテジーを基に、さらに、非言語による反応を示すストラテジー、相手の発話の意味を理解しないまま（理解を装って）不適切な答や反応をするストラテジーなどを加えたリストを提示した。ただ、Vandergrift がデータとしている OPI インタビューは会話テストであり、学習者は聴き手としてよりも話し手として談話に関わっている部分が圧倒的に多いことを考えると、学習者が対面聴解においてあるまとまったテキスト内容をどのように理解し、その過程で理解の欠落にどう対処しているかとい

う課題について正面から取り組んでいるのは、筆者の知るところ、Rost & Ross (1991) だけである。

　本研究では、Rost & Ross と同様に対面聴解で聴き手が発した質問や反応を記録することに加えて、非対面聴解の調査で用いられる回想法を導入し、フォローアップ・インタビューにより聴解時に表出された質問や反応の意図および表出されずに水面下で進行していた思考をプロトコル・データとして採取する。また、Rost & Ross の調査では、予め設定したポーズ箇所でのみ質問や反応の機会を与えているが、実際の言語生活における聴解場面により一層近づける目的から、質問や反応が随時可能な設定として調査を行う。

2.1.3.4　プロトコル分析の信頼性の検討

発話思考法や回想法により採取したプロトコルについては、前述したように、それが聴き手の実際の聴解過程をどれだけ反映しているかという妥当性に関する課題に加え、分析に際しての信頼性に関する課題がある。

　まず、プロトコルからストラテジーが特定される際の解釈について検討する。Vandergrift (1997a: 392) は "Directed attention" というストラテジーの例として、"I pick out the words that are familiar so that …." というプロトコルを示し、ここではこのストラテジーが "Inferencing" のストラテジーと組み合わせて使われているとしている。"I pick out the words" という表現から「タスクに注意を向け、不必要なものは無視する」と定義される "Directed attention" と特定できる思考を読みとったものと思われる。また、"Comprehension monitoring" の例として、"I translate and see if it sounds right." というプロトコルを示し、ここではこのストラテジーが "Translation" のストラテジーと合わせて使われているとしている。"…see if it sounds right" という表現から「(該当するテキスト部分に関して)自らの理解をチェック、検証、あるいは修正する」と定義される "Comprehension monitoring" と特定できる思考を読みとったものと思われる。このように、ごく僅かな思考の断片からストラテジーを特定する作業が他の研究者によっても再現可能かどうか、疑問が生じる。特に、2.1.4 で詳述するように、効果的な聴き手は「モニター」を多用するという調査結果が出ていることか

ら、"Comprehension monitoring" に関するプロトコルの解釈は、調査結果を左右しかねない重要性を持つ。

一方、ストラテジーの分類についても研究者間で異なると思われる部分がある。表2に整理した水田と Vandergrift の分類を比べてみる。水田が特定のテキストの聴き取りに使われたストラテジーをリストしているのに対し、Vandergrift は、教室内外で一般的に使われているストラテジー（Vandergrift 1996）を含め、網羅的なリストの作成を目的に作られたものである。したがって、Vandergrift のリストの方がストラテジーの種類が多いのは当然である。しかし、両研究者のリストを各ストラテジーの定義を見ながら照合してみると、相互に同定できるものが少なく、そのストラテジーが他方のリストには含まれない別の概念のものなのか、あるいは他方のリストにある一層包括的な定義のストラテジーの下位概念なのか判別できない場合が多い。

表2-2では、水田と Vandergrift の両リストに同じストラテジーがあると同定できるものは斜字体で表記し、水田のリストには（　）内に Vandergrift のリストの番号を記入した。（メタ認知は "M"、認知は "C" と略し、たとえば、メタ認知の (1) の (b) Directed attention は、"M1-b" と記す。）水田が挙げている14のストラテジーのうち、Vandergrift のリストと同定できるものは6つ、残り8つについて Vandergrift のリストには同じものがない。しかし、「確認」「問題特定」については、それぞれ "Double-check monitoring" "Problem identification" との関わりが考えられ、表2-3に引用した定義（水田 1995a: 70; Vandergrift 1997a: 392–393）を照合すると、かなりの類似が認められる。

表2-3　水田 (1995a) と Vandergrift (1997a) のストラテジー定義の比較

ストラテジー名	研究者	定義
確認	水田	テキストから自分の理解したこと、予測したこと、推測したことが正しかったかどうかを確認する。
Double-check monitoring	Vandergrift	聴解を進めるにしたがって、あるいは2度目に聴く際に、自らの理解を確認、検証、あるいは修正する。（本書筆者訳）
問題特定	水田	テキスト上の語句の曖昧さや話し手の意図の曖昧さなどから理解の面で問題が生じたことを認識する。
Problem identification	Vandergrift	タスク達成のために解決が必要なことやタスク達成の障害になることを認識する。（本書筆者訳）

したがって、同じプロトコル部分を水田なら「確認」に、Vandergriftなら"Double-check monitoring"に分類する可能性が高い。しかし、ここで注意すべきなのは、水田の「確認」「問題特定」は認知ストラテジーに、Vandergriftの"Double-check monitoring""Problem identification"はメタ認知ストラテジーに分類されていることである。同じプロトコルが一人の研究者の分類ではメタ認知に、別の研究者の分類では認知に分類されるとすると、2.1.4で詳述するが、聴解力の高い学習者はメタ認知ストラテジーを多く使う傾向があるとする研究結果そのものが揺らいでしまう危険もあり、深刻な問題である。

以上で検討したように、プロトコル分析の信頼性については、解決しなければならない課題が多い。しかし、発話思考法や回想法によるプロトコル分析が聴解過程の調査方法として現時点では最善の方法であることを考えると、この方法を用いながらの改善策を講じていくほかはない。

2.1.4　言語運用力および聴解力と聴解過程の関係

本節では、「(2)言語運用力とストラテジー使用の間にはどんな関係があるか」および「(3)聴解力とストラテジー使用の間にはどんな関係があるか」という研究課題に何らかの解答を示している先行研究を取り上げて概観する。

2.1.4.1　言語運用力と聴解過程との関係

言語学習の初級者から母語話者に近い言語運用力を得るに至る長い時間を要する言語習得の途上で、ストラテジー使用はどのように変化するのだろうか。言語運用力と聴解力との関連を調べた研究としては、母語話者およびレベル別学習者を対象にTVニュースを視聴させ、再生テストと再認テストの結果から聴解の実態を調べた金庭(2001)等があるが、ここでは、運用力とストラテジー使用の関連に焦点を当てた研究に絞り、以下では、表2–1でこの課題に何らかの解答を示している5件の研究について概観する。なお、「言語運用力」とは、各研究では"level of language learning"(Vandergrift 1996)、"proficiency"(Rost & Ross 1991; Vandergrift 1997a, 1997b)、あるいは

「日本語能力」(水田1995a)と表現され、その測定方法は学習歴、口頭テスト(OPI)、ディクテーション、総合的標準テスト(日能試)など様々であるが、ここでは言語の総合的熟達度と考えられるものを指すこととする。

　Vandergrift(1996)は、2.1.3.1で紹介したとおり、高校生フランス語学習者36名に対し、彼らが日常的に使うストラテジーをインタビューで調査したが、学習者の学習歴によって①1年目(10名)、②2年目(11名)、③5年目(11名)、④8年目(4名)の4群に分けて、運用力レベルの推移を代表させ、ストラテジー使用状況を分析している。その結果、運用力レベルが上がるにつれてメタ認知ストラテジーの使用が増え、認知ストラテジーの使用は相対的に減ることを報告している。

　Vandergrift(1996)の調査対象者のうち21名に対して発話思考法を用いた調査を実施したVandergrift(1997a)では、学習者に対して行ったOPI判定の結果により、「初級の下」から「中級の上」まで6つのサブレベル毎の調査結果を比較している。その結果、「中級」は「初級」よりも2倍以上のメタ認知ストラテジーを使用したと報告している。

　日本語母語話者と学習者のストラテジー使用の異同を調べた水田(1995)は、①「注意のコントロール」「テキスト構造の認知」「予測」「聞き流し」「確認」のストラテジーについて母語話者が有意に多く使用したこと、②「聞き流し」「自己モニター」について学習者には使用が見られないこと、③学習者には「問題特定」の使用が目立って多いことを報告している。2.1.3.4で見たように、水田とVandergriftではストラテジーの分類が異なる可能性があるため同列の比較ができないが、母語話者にはメタ認知ストラテジーの使用が多い傾向が確認された。

　対面場面での受信ストラテジーを調べたRost & Ross(1991)は、ディクテーション・テストによって学習者を運用力の上位と下位の2群に分け、ストラテジー使用の違いを調べている。その結果、運用力下位群は特定の語やテキストの特定部分の意味理解ができないことを知らせるストラテジーを多く使うのに対し、運用力上位群は、内容理解に関する推論を確認するストラテジー(Forward Inferencing)と理解に問題がないことを知らせるストラテジー(Continuation Signal)を有意に多く使っていることがわかった。運用力

が上がるにつれ、言語処理にかかる負荷が軽減され、内容に焦点を当てた推論が可能になると考えられる。

ビデオ録画したOPIインタビューから受信ストラテジーを抽出したVandergrift (1997b) は、OPIサブレベル毎の学習者群の調査結果を比較し、運用力が上がるにつれて次のような変化が見られたと報告している。①非言語動作の使用が減る、②目標言語による反応が増える、③理解に問題がないことを（言語・非言語により）知らせる反応が増える。

以上の結果を統合的に見ると、運用力とメタ認知ストラテジー使用の関連が指摘できる。このことは、Vandergrift (1997a: 400–401) も指摘しているように、運用力が上がるにつれて認知的な負荷が軽くなり、情報処理の速度も速くなって、負荷の大きいメタ認知ストラテジーを使う余裕が生まれるという説明が可能であり、理論的にも説得力のある帰結である。

2.1.4.2 聴解力と聴解過程との関係

表2-1の中で「聴解力」とストラテジー使用の関連を調べている研究は6件あるが、まず最初に注意しておかなければならないのは、この研究課題における「聴解力」の捉え方が相互に異なることである。大きく分けて2つのタイプが認められ、一方は、聴解テストの結果を基準にするなど総合的・一般的な聴解力を変数にして、聴解力の高い学習者と低い学習者でストラテジー使用がどのように違うかを調べるものである。もう一方は、ある特定のテキスト聴解においてストラテジー使用（聴解過程）と内容理解（聴解結果）の関連を見ようとするものである。

まず、前者のタイプから主要なものを見ていく。O'Malley et al. (1989) は、2.1.3.2で見たように、高校生ESL学習者を対象に発話思考法で調査を行ったが、そこで得られたストラテジー使用状況を効果的な聴き手とそうでない聴き手の間で比較した。ここで「効果的な聴き手」(effective listener) と「そうでない聴き手」(ineffective listener) を分ける基準は、被験者の学習者を日常的に教えている教師や研究者が観察した教室授業における理解力や積極性、会話における反応や理解力である。効果的な聴き手がそうでない聴き手と比べて有意に多く使ったストラテジーは、「自己モニター」「精緻化」「推

測」の3種であった。また、使用実態について次のような質的な観察を行っている。①効果的でない聴き手がわからない部分に拘泥して続きを聞き逃してしまうのに対して、効果的な聴き手はスキップすべきところはスキップするなど、注意力のモニターができる、②効果的な聴き手はトップダウン処理を用い、必要に応じてボトムアップ処理で補っているが、効果的でない聴き手は終始ボトムアップ処理に依拠している、③効果的な聴き手は意味処理の単位が一般的に大きく、句や文などの固まりで聴いているのに対し、効果的でない聴き手は単語単位の聴き取りをしている、④効果的な聴き手は一般的な知識や個人的な体験に基づく知識をよく活用している。

　Vandergrift(1997a)は、2.1.3.2で前述の通り、高校生フランス語学習者のテープ聴解過程を発話思考法によって調査したが、その結果を運用力、性別、聴解力、学習スタイルなどを変数にして分析している。聴解力に関しては、同じ運用力レベルの学習者の中で聴解の得意な者と不得意な者を比べ、①聴解の得意な学習者は不得意な学習者に比べて2倍の頻度でメタ認知ストラテジーを使用し、特に"Comprehension monitoring"の頻度の違いが目立つこと、②認知ストラテジーの使用に関しては両者の間にあまり差がないことを報告している。ただし、ここで「聴解が得意な学習者」(successful listener)の定め方には次のような疑問が残る。すなわち、「聴解が得意」とされた学習者は、自らのインタビュー調査(Vandergrift 1996)において、より高頻度、多様、かつ洗練されたストラテジー使用を報告した学習者とされている(Vandergrift1997a: 390)。ここには、ストラテジー使用を指標に聴解力の高低を決めた上で両者のストラテジー使用を比べているという論旨の「循環性」が指摘される(Rubin 1994: 212)。今後は、「聴解が得意」だとする判定を聴解テストなどの客観的かつ独立した尺度によって行うことが必要であろう。

　Vandergrift(2003)は、フランス語を学ぶ中学生36名が母語話者向けラジオ番組の録音を聴きながら行った発話思考のプロトコルを分析して、(聴解テスト結果によって分けられた)聴解の得意な学習者群と不得意な学習者群の分析結果を比べ、次のような結果を報告している。①聴解の得意な学習者群が有意に多く使用したのはメタ認知ストラテジーで、特に"Comprehension monitoring"と"Questioning elaboration"(既有知識を活用して複数の選択肢を自らに問い、後続の聴解に最終選択の判断を託すもの)の使用が目立った。②聴解が不得意な学習者は"Translation"を多く用い、ボトムアップ的な聴解に終始する傾向がある一方で、聴解の得意な学習者はトップダウン、ボトムアップ双方を使い分けながら、部分的な理解をテキスト全体の理解につなげている。

　Goh (2002) は、2.1.3.2 で見たように、中国人英語学習者のテープ聴解過程を発話思考法によって調査し、そこから抽出したストラテジーをさらに「タクティクス」に分類した。被験者の中から標準テスト聴解部門の成績が90％の者と30％の者のストラテジーおよび「タクティクス」の使用状況を分析し、次のような結果を導いている。①聴解力の高い学習者も低い学習者も認知ストラテジーとメタ認知ストラテジーおよびトップダウンとボトムアップ処理を使用している。②ただし、聴解力の高い学習者は「タクティクス」をより効果的に組み合わせ、既有知識、言語知識、文脈情報という3大リソースを巧みに使っていた。③一方、聴解力の低い学習者は推測ストラテジーの使用が少ないこと、テキストの狭い範囲を対象にしたモニタリングしか行っていないことがわかった。これらの結果から、聴解力の異なる学習者の聴解過程は、同じストラテジーを使っていても「タクティクス」が効果的な場合とそうでない場合があり、「タクティクス」の数や質、特に組み合わせ方に違いがあることが示唆された。

　以上、一般的な聴解力の高低によりストラテジー使用がどのように異なるかという研究結果を概観した。次に、特定のテキスト聴解に関する理解とストラテジー使用の関連を調べた研究として水田 (1995a, 1995b, 1996) を見る。水田は、日本人母語話者5名、中国人日本語学習者10名のテープ聴解過程を回想法によって調査した 2.1.3.2 で前述の研究の結果、聴解後の口頭要約データによって測定した要点の聴き取り結果とストラテジー使用の関連について、次のような報告をしている。①聴き取り結果が上位の群(母語話者を含む)と下位の群(学習者のみ)、それぞれの群内に共通するストラテジーは特定できない。②聴き取り結果が上位の学習者(上位群は4名中3名が母語話者で学習者は1名)は「問題特定」→「推測」の連鎖が多く観察され、

この学習者は、既有知識、言語知識、文脈情報を活用した推測を通して聴き取りを達成していると解釈される。③下位群の学習者は「問題特定」だけで終わり、追跡的な「推測」などのストラテジーに結びつけられていない。

　Vogely (1995) は、2.1.3.1 で述べたように、英語を母語とするスペイン語学習者 83 名に対して、自分自身のストラテジー使用を含む意識調査を行ったが、さらに、同じ被験者についてビデオ聴解の再生を調べ、両者の相関を調べている。その結果、ストラテジー使用と理解との間にはある程度の相関（相関係数 = .44) があり、ストラテジーを多く使う者の方が理解度が高いという傾向は確認されたが、被験者の学習歴等、他の変数との関連からは明確な傾向は見いだせなかった。

　以上、「聴解力」とストラテジー使用の関連を調べた研究を概観したが、「聴解力」の定義および測定方法が様々であるため、結果を概括することは難しい。水田 (1995) がテキストの聴き取り結果と日能試聴解部門の成績に関連がなかったことを報告しているが、そうであればなお、標準テスト結果が測定する「聴解力」と特定テキストの「理解」とを区別せずに研究結果をまとめることは危険である。ここでは、こうした危険を意識した上で、上記の研究から導き出せることを考えてみる。

　よい聴き手がどのストラテジーを多く使うかという量的な調査からは、メタ認知ストラテジー、特に「モニター」の重要性が浮上している。また、ストラテジー使用の質的な観察からも注目すべき観点が提示されている。たとえば、Goh (2002) には「聴解力の高い学習者は『タクティクス』をより<u>効果的に組み合わせている</u>」という指摘、水田 (1995a, 1995b, 1996) には「聴き取り結果が上位の学習者には（下位群にはない）<u>ストラテジーの連鎖</u>が観察された」という指摘（下線はともに本書筆者）があり、両研究者ともストラテジー（あるいは「タクティクス」）の組み合わせの重要性に注目している。また、Vandergrift (2003: 485) も、聴解の得意な学習者のストラテジー使用を「オーケストラの指揮」に喩え、指揮者が様々な楽器奏者を指揮して演奏を創り出すように、様々なストラテジーを指揮して全体の意味理解を創出していると述べている。

　ストラテジーを「効果的に組み合わせる」とはどういうことだろうか。複

数のストラテジーをただ組み合わせるのではなく、効果的に組み合わせて理解に結びつけるためには、そこに「計画」「モニター」「評価」といったメタ認知ストラテジーが働いているのではないか。2.1.3.2 ですでに指摘したように、発話思考や回想など学習者の自己表出プロトコルには学習者の思考過程がすべて表現されるわけではない。Goh や水田は自らのプロトコル・データからメタ認知ストラテジーを多くは特定していないが、それはメタ認知ストラテジーだと明らかに特定できる思考がプロトコルに表出されていないからだと思われる。しかし、自己表出されなかった思考過程としてメタ認知ストラテジーが潜んでいる可能性はある。なぜならば、テキスト理解上の一つの問題について一つのストラテジーだけで解決をつけずに別のストラテジーを援用するという判断の背後には、理論的に考えて、「計画」「モニター」「評価」というメタ的な捉え方が働いていると推測されるからである。また、O'Malley et al. (1989) や Goh (2002) が指摘するように、効果的な聴き手は意味処理の単位が相対的に大きく、テキストを談話に近い単位で認知する傾向が強いが、このこともメタ的な認知と理解（聴解結果）との関連を示す事実である。さらに、Goh (2002) が指摘する既有知識、言語知識、文脈情報という3大リソースの活用もメタ認知ストラテジーの使用と深く関連しており、今後の研究においてメタ認知ストラテジー、特にその中枢である「モニター」の機能や使用実態に注目すべきことが指摘できる。

　効果的な聴解過程と「モニター」との関連は指摘されたものの、その質やカバーする範囲については、これまでの研究では問題にされておらず、僅かに Goh (2002) が「タクティクス」という概念を用いた分析の結果、聴解力の低い学習者がテキストの狭い範囲を対象にしたモニタリングしか行っていないことに言及しているにすぎない。これまでの研究において、効果的とされる聴解過程は、聴き手が用いる個々のストラテジーの多寡を中心に議論されてきたのである。本研究では、「モニター」ストラテジーが重要であることを前提に、その質や適用範囲に着目して聴解過程を分析していくことにする。

2.1.5 聴解過程の指導

すでに見てきたように、メタ認知ストラテジーの重要性は理論面でも説得力があり、運用力の高い学習者が低い学習者と比べて、また、効果的な聴き手がそうでない聴き手と比べて、メタ認知ストラテジーをより多く使っているという実証の兆しもある。そこで、言語教育という観点から考えた場合、最大の焦点になるのは、果たして理解に効果があるとされるメタ認知ストラテジーを教育によって教えることができるのかという課題である。

ストラテジーの指導方法を検証する試みは 1980 年代後半から始まっている。たとえば、ピア学習、個別学習、教師主導による学習などストラテジーの学習方法の効果の比較や、ストラテジー指導をどこまで明示的に行うかという観点から、モデルの提示、矯正的／協力的フィードバック、説明という教授方法の違いによる効果を比較する研究も行われた。さらに、認知ストラテジーのみを教えた場合と認知ストラテジーとメタ認知ストラテジーを合わせて教えた場合の効果の比較が行われたが、いずれも明確な結論を得るには至っていない (Rubin 1994)。本節では、聴解ストラテジーの教育効果の検証について結果を提示している 2 件の研究について考察する。

Rost & Ross (1991) は、次の 3 種の処遇 (treatment) を施した後に、対面聴解におけるストラテジー使用を調べることによって、明示的なストラテジー指導の効果を調べた。

① 一般的な質問技術の提示 (明示的なストラテジー指導なし)
② 理解できなかった言葉やテキスト部分について質問する方法 (Referential Questioning) の明示的な提示
③ テキストの内容的な理解に基づいた推測を表出する質問の方法 (Inferential Questioning) の明示的な提示

その結果、②と③の処遇を受けた群が、それぞれ指導を受けたタイプの質問を有意に多く用いたという結果が得られ、明示的な指導の効果があったことが報告された。

Rost & Ross (1991) は、この結果を、2.1.4.1 で紹介した運用力によるスト

ラテジー使用の違いと合わせ、ストラテジー指導に関して次のように論じている。ストラテジー指導には、「運用力重視の立場」(proficiency position)と「設定重視の立場」(context position)の二つの理論的立場がある。「運用力重視の立場」によれば、ストラテジーは運用力の欠如を補うものであり、運用力の高い学習者は認知的な余裕があるので、談話レベルの内容理解に注意を向けることができる。この研究結果に現れた運用力によるストラテジー使用の差は、基本的にこの立場を支持している。一方、「設定重視の立場」によれば、ストラテジー使用はタスクやテキスト、場面設定などによって機能するものであり、この理論を強く押し出す立場(strong version)から言えば、タスクはストラテジー使用を誘発するものである。学習者が指導されたストラテジーを多く使ったという研究結果は、この立場を支持している。Rost & Ross (1991) は、自らの研究結果が上記二つの理論的立場をいずれも（部分的に）支持していることから、両理論の観点を統合した「認知社会的パラダイム」を提案し、効果的な聴解過程の開発が運用力（認知面）を基盤とする一方で、学習者がストラテジー使用の容認性（社会面）を認識することで現時点での運用力を最大限に生かした聴解が可能になると述べている。しかし、「運用力の開発が先か、ストラテジーの開発が先か」という問いに答えるためには、運用力の低い学習者が運用力の高い学習者が多く使うストラテジー (Forward Inferencing) を使用することで聴解力が上がるかどうかという長期縦断研究が必須であると結んでいる。

　Thompson & Rubin (1996) は、長期縦断研究を報告する唯一の研究である。ロシア語（初級）学習者36名を対象にビデオ聴解について次の2種の処遇を1年間継続 (20分×45回＝15時間) した。

実験群：①消音でビデオを見て内容を予測　②ペアで会話内容や表現を予測　③音つきでビデオを見て、予測した内容を検証　④ペアで憶えている語や表現をメモする　⑤もう一度見たいかどうか、見るなら何に注目して聴くか考えさせる。
統制群：音つきで2回ビデオを見て、ビデオ中の状況と似た設定でロールプレイを行う。

効果の測定は、指導の前後にビデオ聴解（記述による理解確認テスト）およびテープ聴解（標準テストの聴解部分で多肢選択問題）という2種の同じテストを実施した。その結果、ビデオ聴解については、事後テストの成績が事前テストより10%以上向上した学習者が実験群では70.8%、統制群では30.8%で、有意差が認められた。一方、テープ聴解については、事後テストの成績が事前テストより10%以上向上した学習者が実験群では87.5%、統制群では61.5%で有意差なしという結果を得た。

　Thompson & Rubin(1996)の長期縦断研究は、指導に導入したビデオ聴解について成績向上を得たが、事前テストと事後テストに同じテストを使っているにも関わらず10%程度の成績向上しか得られなかった点およびテープ聴解テストについて有意な成績向上が得られなかった点について、次のような考察がされている。まず、テストに用いたビデオの一部が学習者にとって難易度が非常に高く、計15時間の処方では効果が出なかったことが考えられる。また、テープ聴解テストについては、次の3つの原因が説明されている。①処遇を通して学習したストラテジーが、視覚情報を理解に援用するなどビデオ聴解に焦点を当てたものだったことから、音声のみの聴解には効果がなかったこと。②処遇に用いたテキスト・タイプ（ドラマ、インタビュー、ニュース）と聴解テストに使われたテキスト・タイプが異なること。③事前テストの段階ですでに高得点を取った学習者が多く、得点の上で向上の余地が少なかったこと。聴解や読解などの「理解」を測定することの難しさはすでによく知られているが、聴解では、ビデオのような視覚情報を含む聴解と音声のみの聴解によって求められるストラテジーが異なることもあり、教育効果を調べる実験計画に際しては、理解の測定方法、テキスト・タイプや媒体を含むテキストの難易度、タスクの難易度等、慎重に考慮すべき要素が多いことを改めて知らせている。

　聴解ストラテジーの研究が進展するにつれ、聴解の「結果」（何が聴きとれたか）を問うだけではなく、「過程」（どのように聴きとったか）を重視する聴解指導の必要性が提唱され、効果的な聴き手が用いるとされるストラテジー指導を目的とした聴解活動も紹介されるようになっている（Rost1991; Mendelsohn1994等）。日本語教育においても、岡崎・岡崎(2001)が聴解を

含む4技能の習得研究成果に基づいた学習のデザインを提起しているほか、聴解過程を意識した練習方法の提案（當作 1988）、聴解テスト・シラバスの提案（青木 1991）、聴解指導シラバスの提案（宮城 2005）、研究の推移を背景にした聴解教育の変遷と展望（金庭 2005）、さらには実際の教授活動における実践の報告（河内山 1999; 関 1996; 中込 1997）など、聴解過程を巡る研究と聴解指導との連携は密になりつつある。しかし、すでに見たように、ストラテジーの指導効果について肯定的な結果を示す研究はごく僅かしかなく、特に、長期に渡る指導の効果については実証が欠落している。本研究では、正味4ヶ月半の「過程」重視の聴解指導の効果について検証することを目的の一つとする。

2.1.6 聴解過程に関する先行研究の総括

本節では、聴解過程の先行研究について、これまでに蓄積された研究結果と残された課題を改めて整理する。

聴解過程の研究は、学習者がどんなストラテジーを使って聴いているのか、その実態を知ることから始まり、また、そこで開発された研究方法や得られた結果を基盤に発展してきている。その意味で「聴き手はどんなストラテジーを使って聴いているか」という(1)の研究課題の役割は大きい。研究方法としては、調査票、ダイアリー、インタビュー等によって聴解全般におけるストラテジー使用調査が行われる一方で、発話思考法、回想法によって具体的なテキスト理解に即したストラテジー使用の実態が明らかになってきている。この分野で中心的に用いられている発話思考法および回想法は、これまでブラック・ボックスの中の存在であった聴解過程に光を当てる画期的な方法である一方で、学習者の自己表出という恣意的なデータを拠り所とする弱点があり、また、データ（プロトコル）の分析においても信頼性を確保するためには、さらなる研究の蓄積、異なる研究者による結果の照合や議論が必要である。一方、対面場面の聴解ストラテジーについては、これまで会話研究の中でコミュニケーション・ストラテジーの一部としてしか扱われない影の薄い存在であったが、学習者が「理解可能なインプット」を自ら増やしていくことにつながる重要なストラテジーとして、今後もっと積極的な研

究が進められるべきである。

　(2)の研究課題「運用力とストラテジー使用の間にはどんな関係があるか」については、運用力の発達とともにメタ認知ストラテジーの使用頻度が増すという結果が得られている。さらに、(3)の研究課題「聴解力とストラテジー使用の関係」については、次のようなことが確認された。①効果的な聴き手はメタ認知ストラテジーを多く用いる傾向があり、特に「モニター」の使用が多い、②効果的な聴き手は意味処理の単位が一般的に大きい、③効果的な聴き手は複数のストラテジーを連鎖的に組み合わせて使っている、④効果的な聴き手は既有知識、言語知識、文脈情報という3大リソースを巧みに使う。また、②③④を可能にするためには、メタ認知ストラテジーによって自らの聴解を「計画」「モニター」「評価」することが鍵になっているという点で①～④は相互に密接に関連していることを考察した。今後は、メタ認知ストラテジー、特に効果的な聴き手が多く用いるとされる「モニター」の重要性を前提に、その質や適用範囲に焦点を当てた研究が求められることを指摘した。

　メタ認知ストラテジーを含む効果的なストラテジーは「教育によって指導可能か」という(4)の研究課題については、これまでのところごく僅かな研究しか行われていないのが現状である。メタ認知ストラテジーが重要だとすれば、それは聴解力の原因なのか結果なのか、また、それは運用力の発達とともに自然に養成されるのか、教育による介入は可能なのか、この最重要の研究課題を追求するためには、長期縦断研究が欠かせないことを指摘した。

　本研究では、以上のような先行研究の成果と課題を受けて次の3点を重視して研究計画を立てた。①実際の言語生活の中心でありながら研究が手薄になっている対面聴解を扱うこと、②聴解過程の分析に際し、効果的な聴解過程の鍵となる「モニター」に焦点を当てること、③聴解の「結果」ではなく「過程」を重視した指導の効果を検証すること。また、2.1.3.4「プロトコル分析の信頼性の検討」で疑問を提示したストラテジーの特定については、なぜ重視すべき「モニター」の定義と特定について研究者間の解釈や判断に相違が生じたのかについて考察した結果を本研究に生かす（詳細は3章で述べる）。

2.2　第2言語教師教育に関する先行研究

まず始めに、第2言語教師教育全体の研究の潮流を概観し、続いて、この分野の主な研究領域と研究方法を見ていく。最後に、本研究の調査対象者と同様の非母語話者現職教師の再教育に関する研究を概観する。

2.2.1　第2言語教師教育研究全体の概観

第2言語教師教育に関する研究は、教師教育全体の中に占める割合も、言語教育全体の中に占める割合も非常に小さく、Freeman and Johnson (1998:397–398) によれば、1980年から1997年の間に発刊された TESOL Quarterly 掲載論文のうち、教師教育に関するものは9％に過ぎない。また、日本語教育における教師教育では、その割合はさらに低い。日本語教育学会誌『日本語教育』創刊号から最新号に至る1400編余りの論文の中で「教師教育」がテーマであると言えるものは、僅かに10数編であり、しかも、その多くは、日本語教員検定制度など日本語教員養成を巡る政策や制度など大局的見地からの論考で、教師教育の具体的な内容や方法論を研究課題としているものは、岡崎 (1996) 等ごく僅かである。このように、日本語教育の分野では教師教育はまだ研究領域として確立したとは言えない段階である。そこで、世界の言語教育の中で最も大きな割合を占める英語教育における研究を中心に、まずは大きな流れから捉えていく。

2.2.1.1　Training から Development への流れ

Richards & Nunan (1990) は、世界の言語教育において「第2言語教師教育」を一つの研究領域として確立させる契機となった論文集である。社会において第2言語教育というものが組織的に行われるようになって以来必然的に付随してきた教師の育成において、伝統的に採用されてきたアプローチは、指導講師が有効だと考える一定の知識や技術を受講教師に与えることを基盤にした teacher training の概念に基づいている。また、このアプローチでは、受講教師に与えるべき知識や技術は、指導講師の経験に基づいた判断によって選別される傾向が強く、指導講師の持つ豊かな経験を training を通して受

講教師に伝授していくことによって特徴づけられる。Richards & Nunan は、この伝統的なアプローチと決別し、受講教師が各々の教育現場の目的、ニーズ、レディネスに適合した理論や方法論を自ら開発することを目指し、指導講師はそれを支援すべく受講教師の自己評価能力や分析力、判断力などを養成する役割を担うとして特徴づけられる teacher education あるいは teacher development（以後、「教師教育」という語との混同を避けるため development とする）への移行を提唱した。training から development へと向かう流れの中で、さまざまな立場で教師育成に関わる指導講師や研究者のために、理論や方法論を提供したり、革新的な実践例を紹介することにより、現在の教師教育研究の潮流の出発点となった論文集である。

2.2.1.2　受講教師の既得知識・過去の経験に基づくビリーフへの注目

Freeman & Richards (1996) は、教師が言語教育についてどんな知識と経験を持ち、教室活動を計画したり授業進行における判断をしたりする際に何を考え、何を判断基準にしているのか、また、そうした教師の行動や思考はどのように形成されてきたのか等、教師教育に関わる研究者がさまざまな視点から執筆した論文を収集したものである。そのうちの何編かについては、後に具体的に紹介するが、それぞれの論文の結論部分を編者がまとめた箇所を引用すると以下の通りである。(Freeman & Richards 1996:5–6)

- 第二言語教師教育について理解するためには、受講教師が教師教育場面と彼ら自身の教室場面の双方において、どんな経験をし、それをどのように概念化しているかを知る必要がある。
- 教師教育が提供する教授法や教授モデルは、発見的解決の糸口として役立つかもしれないが、受講教師が自分自身の目標や自覚を導き出すためのガイド役に過ぎない。
- 言語教育の職業経験そのものが、教師がその経験をどう描写し、どう解釈するかに影響を与えるスキーマと比喩を提供し、結果として教師の行動を形成する。
- 言語教育を学ぶことは、教師自身が自らの教授環境の出来事に即した理

論と技術を開発していくことである。
○受講教師の過去の経験、知識、ビリーフは、言語教育に関する認識や実践の大きな決定要因であり、しばしば変化を拒む要因ともなる。
○受講教師はその言語観、教育観、学習観などが一人一人異なることから、自身の教授上の知識や技術をそれぞれ個別の道筋をたどって開発していくものである。

以上の記述は、いずれも Richards & Nunan (1990) が提唱した training から development への流れを志向しており、この流れが実践による検証を経て、力強く発展していることがわかる。受講教師自身の(教授環境における諸事情も含めた)既得知識、過去の経験に基づいたビリーフなど、これまで個別的で周辺的だとして軽視されがちだった要因が重視されていることが読みとれる。

　Freeman & Johnson (1998) は、教師教育が単に経験に基づいて行われるのではなく、理論研究に基づいて展開されるべきことを主張し、教師教育の基盤となる認識を再構築する目的からこの分野の研究動向をまとめている。前述の流れの中で、確かな知識を教師に提供することで教育の質が向上するという伝統的な教師育成の前提が基盤を失って以来、与えるべき知識ではなく、受講教師の経験や既得知識に着目した研究を志向するようになっているとする点は Freeman & Richards (1996) による研究動向と共通である。教授行為は、教師自身の経験や環境と切り離して考えることはできず、社会的な解釈、交渉、再構築を伴うものであるとする認識を示し、「受講教師は既成の教授技術で満たされることを待つ空っぽの器ではなく、過去の経験や価値観やビリーフを持って教師教育を受ける」(Freeman & Johnson 1998: 401) 存在であり、教師の持つビリーフや過去の経験が教授活動についての考えを生み出すのだという認識が広まってきたと述べている。

　実践報告や論考が多い第2言語教師教育研究の中で、データに基づいた実証的研究を中心に扱った文献レビューとして Velez-Rendon (2002) がある。文献は、(1)教師の過去の経験、(2)教師教育プログラム、(3)教師のビリーフと教授における判断(decision making)、(4)内省、(5)(教師間の)協力の

5つのテーマに分けて概観されている。全体的な動向としては、上述のRichards & Nunan (1990) 以降の流れと軸を同じくしており、教師自身が教授環境を意識した上で自分自身の理論を開発するという目標の下に、各テーマが教師教育において果たしうる役割がまとめられている。研究成果の蓄積によって浮かび上がる傾向としては、たとえば次のような指摘がある。(1) 教師の過去の経験をテーマにする論文のすべてが教師の過去の学習経験の重要性を指摘しており、多くの研究が教師自身が学習者だった時の教師の教授活動をモデル（あるいはアンチ・モデル）として捉えている様子を明らかにしている。このことは、(2) 教師教育プログラムをテーマにした研究の全体的な傾向として、教師教育プログラムが教師の教授活動に与える影響は比較的小さいとしていることと呼応しており、むしろ過去の学習経験の方が実際の教授活動に与える影響が大きいとする研究があると報告されている。教師教育プログラムの無力さをも感じさせる動向だが、その中でこれからの教師教育が向かう方向性として、Velez-Rendon は内省アプローチを提言している。自分の教授活動を分析し、批評的思考技術を開発することが自らの教授理論開発に必要なスキルであるとする考え方に基づいた内省アプローチを進めていくために有効な教師教育の要素として、たとえば、ジャーナルや授業観察などを通して過去の学習経験やビリーフを批判的に意識化することなどを挙げている。

　日本語教育においては、岡崎 (1999, 2000a, 2000b, 2000c, 2002, 2004 等) が90年代以降の日本社会における定住型外国人の増加を受け、「多言語・多文化社会を切り開く日本語教員養成」に向けての教師教育実践を続けている。岡崎は、①定住型外国人が「自分のアイデンティティを保持しながら地域で日本人や他の外国人と共に生活していくための日本語を学ぶ」必要性、②定住型外国人が母語・母国文化を日本社会で持ち続けることが「日本人にとってどのような意味を持つかを考える」必要性、③「外国籍の子どもに対する日本語教育の創出」の必要性があることを指摘（岡崎 1999: 114–115）し、日本語教員養成はこれらの課題に応えるものでなければならないとしている。また、こうした新たな課題に取り組むためには、「教師トレーニング」(training) ではなく「教師の成長」(development) を基本理念とした実習でな

ければならないとし、内省アプローチを提唱・実践していることは、上述の英語教育における方向性と重なる。岡崎の実践では、在住外国人に対して同化を要請しない日本語教育を追求する目的から、①教授対象とする日本語は「共生言語」（複数の言語や文化が存在することを是とした上で異なる母語を持つ者同士を媒介する言語）としての日本語、②学び手の母語保持を尊重し、学び手の母語も共生言語とするという方針の下に教師側、参加者側ともに母語話者、非母語話者双方が関わる日本語教育実習を展開している。また、その実践の中から、内省アプローチによる教育実習がもたらす成果について、従来の「教師トレーニング」を基盤とした実習との比較において示した古市(2004)、ティーム・ティーチングにおける教師の役割に焦点を当てた半原・松本・テンジャローン(2004)、授業中の教師の意思決定プロセスに焦点を当てた池田(2004a, b)、実習を経た教師の意識変容に焦点を当てた田渕(2004)、非母語話者教師の意識や役割に焦点を当てた金井(2004)、朱・単(2002)、野々口(2002)、平野(2004)、古市(2005)など、多くの研究が生まれている。

　他方、米国における日本語教師教育の動向を報告するものとしては、教育改革の流れの中で行われている日本語教師の専門能力開発についてまとめた當作(2003a)がある。その中で、當作(2003b)は、近年の専門能力開発のモデルに見られる特徴として、教育現場中心、内省的実践者の育成、問題解決中心、メンター・システム、経験共有、教育実験・教育研究を通しての専門能力開発などを挙げている。統一的、画一的な教育内容をトップダウンで与えるのではなく、各教育現場の環境や各教師の経験など多様で個別的な要素に注目し、専門能力というものをボトム・アップで形成していこうとする姿勢にも、developmentを志向する教師教育のアプローチが重ね合わせられる。

　以上、trainingからdevelopmentへと向かう教師教育の流れについて確認し、その中で教育の受け手である受講教師の既得知識や過去の経験に基づくビリーフなどに着目した研究が中心的に行われていること、また、英語教育に見られるこれらの動向は、日本語教育の一部でもすでに導入・実践されていることを確認した。

2.2.2　第2言語教師教育における研究領域と研究方法

まず、第2言語教師教育研究における研究領域を整理する。第2言語教師教育は、(1)教育現場における目標言語の位置づけによって、①第2言語教育、②外国語教育、あるいは③バイリンガル教育に、(2)受講教師の成長過程によって、①初心者教師の養成(pre-service)、あるいは②現職者研修(in-service)に、また(3)受講教師と目標言語の関係によって、①母語話者教師(以後、NT: Native Teacher)教育、あるいは②非母語話者教師(以後、NNT: Non-Native Teacher)教育に分けられる。実際の教師教育プログラムは、上記(1)(2)(3)によってその目標や課題も異なることから、このような実際的な枠組みを踏まえておくことが必要である。

一方、Freeman & Johnson (1998)は、教師教育の研究領域として、教授行為そのものに焦点を当て、次のような認識論的な枠組みを提案している。

(1)　受講教師の特質：①既得知識やビリーフの持つ役割
　　　　　　　　　　②教師の職業人生を通じての既得知識やビリーフの変化
　　　　　　　　　　③教授環境の持つ役割
　　　　　　　　　　④教師教育が既得知識やビリーフに与える影響
(2)　学校・学校教育の特質
(3)　言語教育の特質

以下に、Freeman & Johnson の (1)(2)(3) の枠組み毎に具体的な研究例を紹介し、代表的な研究領域について概観する。

2.2.2.1　受講教師の特質をテーマにした研究

Bailey, Bergthold, Braunstein, Fleischman, Holbrook, Tuman & Waissbluth (1996)は、「我々は教え方の訓練を施されたように教えるのではなく、『かつて自分自身が教えられたように教える』のだとすれば、受講教師は彼ら自身が教えられた方法に永続的に束縛されることになる。もしこの束縛を断ち切ることを求めるとすれば、その一つの方法は過去の経験を意識的なレベル

に引き出して検討することであろう。」(p.11) という考えに基づいて、教師教育コースの中で行った「言語学習に関する自分史」の記述とその記述をめぐって行われた講師と受講教師の間の(また受講教師間の)やりとりや議論の記録を分析した。「自分史」は次の質問に答える形で記述された。(a) あなたはどのような言語学習経験をしてきたか。それは、効果的だったか。また、そう判断する理由は何か。(b) 言語学習者を代表する一人として書かれた「自分史」を(相互に)読むことによって、言語学習について何を知ることができたか。(c) 言語学習者としてのあなたの経験は、言語教師としてのあなたにどのような影響を与えたか。その結果、受講教師の「効果的な言語学習」の認識を形成する要因として、(自分が学習者として接した)教師の教授スタイル、教師と学習者との関係のあり方などを挙げ、学習者として観察した言語教育が受講教師の行動に大きな影響を与えることを例証している。この研究は、Freeman & Johnson (1998) の枠組みの「(1) 受講教師の特質」の中でも、特に過去の学習者経験に基づく既得知識やビリーフ(①)を明らかにし、同時に「自分史」の記述が教師教育において果たした役割(④)を検証したと言える。

　Tsui (1996) は、香港の中等教育で ESL を教える中華系教師が、現職教員研修で process writing の考え方に接したことをきっかけに、自分が担当する作文クラスにそれを導入していく過程を記述している。これまでの product-based writing に不満を感じていた教師が、自身の作文クラスを変容させ、その過程を通して、作文を学ぶことと教えることの本質に気づくまでの2年半の記述である。自身のクラスへの process writing の導入は、学習者に高く評価され、教師自身にも満足感を与えたものの、次のような問題があった。①一つの作文を仕上げるのに時間がかかり、結果として書ける作文の量がこれまでよりずっと少ない、②これまでより文法的な誤りが多い。そこで、以前の product-based writing に戻るという試行錯誤の過程で、process writing は比較的成績の低い学習者にのみ効果があるのか、正確さは内容を犠牲にしてしか得られないものなのかを考え続けた結果、自分がこれまで正確さか内容か、process か product かの二者択一的な捉え方をしていたことに気づき、どちらか一方を選ぶのではなく、両者を統合したアプローチに到達した。受講

教師は、最終的に、作文は技術の学習に留まらず考えることの学習であること、作文の授業の成功は学習というものがその時々に求めるさまざまなニーズに柔軟に対応することによってもたらされることを学ぶが、ここに至る成長の過程が、受講教師によるレポート、学習者の作文、授業観察、受講教師と指導講師との相談記録、学習者へのインタビュー、学習者の授業評価コメントなど多様なデータによって描かれている。この研究は、上記の枠組みの「(1)受講教師の特質」の中で、教師の既得知識やビリーフの変化(③)を中心的な課題とし、また同時に、教師教育におけるインプットや指導教師とのやりとりが既得知識やビリーフに与える影響(④)を示す事例研究である。

Burns (1996) は、オーストラリアで移民のための初級 ESL を教える6名の教師を対象に、(a) これらの教師はどんな思考とビリーフを持って教授活動に臨んでいるのか、(b) 教師のビリーフの変化や発展はどのように起こりうるかについて、授業観察とインタビューによって調べている。研究対象の教師たちは中級以上を教えることにおいては経験豊富だが、初級を教えることには初めて立ち向かう。Burns は、教師がこうした局面で何を判断の材料にしているのかを探り、教室での出来事の土台になっているのは教師の思考とビリーフであることをデータから描き出した。また、採取されたデータに関して、タスクの目的やコースの目標などへのコメントがほとんど見られなかったこと、また、理論に基づいたコメントも見られなかったことに言及し、教師教育におけるモデルと現場の実際との食い違いを指摘している。さらに、この食い違いを埋めるべきは教師教育の方であり、そのために研究者は理論を処方するのではなく、実践に使える理論を研究者と教師が協同で開発すべく、実際の教育活動が何によって構成されているかをもっとよく知る必要があると結んでいる。この研究は、上記の枠組みの「(1)受講教師の特質」の中で教師の既得知識やビリーフ(①)が実際の教授活動を形成する様子を示し、また、教授対象が中級から初級へと変わったことが引き起こした教師の思考にも注目することで教授環境の持つ役割(③)にも光を当てている。

日本語教育では、岡崎(2000b)が教師教育の立場から、学習者および教師のビリーフに注目する必要性を指摘している。岡崎は、先に紹介したよう

に、「多文化共生の時代を切り開く新しい日本語教育」を求める観点から、「学習者・教師双方が各自の出身文化の下でこれまで行ってきた言語学習や言語教育を通して内在化してきている確信（ビリーフ）を捉え返し、相互にその揺さぶりを図っていくことが課題になること、加えてそれが教師養成の新たな視点である教師の成長（development）の根幹をなす」（岡崎 2000b: 148 括弧内は本書筆者注）という認識を示し、教師のビリーフ変容が教師教育を評価する指標となりうる可能性を示唆している。

2.2.2.2　学校・学校教育の特質をテーマにした研究

次に、Freeman & Johnson (1998) の枠組みにおける二つ目の領域「(2) 学校・学校教育の特質」をテーマにした研究について概観する。この領域は、教授行為を社会文化的な側面から見て、教師教育に影響力を持つ要因を探求していこうとするものである。言語教育が行われる場としての「学校」（学校教育以外の教育機関を含む）は、単に教育の実施場所を提供する存在ではなく、その国、地域、あるいは機関そのものが持つ規範や価値観を内包している。こうした規範や価値観は、同じ国・地域・機関の構成員には自明のことであるが故に隠在的で見えにくいが、異なる立場の者にとっては（多くの場合理解を妨げる存在として）注意を引く。生活文化に隠在する規範や価値観はそれを共有する者には疑う余地がなくても、異文化の者から見れば奇異に映ることがあるように、「学校」をめぐる文化にも同様のことが指摘できる。Bax (1997) は、指導講師と受講教師が国や文化を異にする場合、上述の「学校」をめぐる異文化理解が不可欠な重要性を持つことを指摘し、指導講師は受講教師の教育現場の状況 (context) に十分に配慮すべきだと主張する。2.2.3 で紹介する NNT 教育を扱った研究では、いずれも背景に同様の課題を抱えていると思われるが、ここでは、この課題を正面から論じた論文を数編紹介する。

　Anderson (1993)、Hu (2002)、Li (1998)、Ellis (1996)、Rao (2002) は、いずれも西欧で開発された教授法をアジアに導入しようとする際に生じる摩擦や障害を課題として提起している。たとえば、Ellis (1996) は、アジアの国々の NNT が西洋人である英語母語話者指導講師の導入するコミュニカティ

ブ・アプローチ (CA) に抵抗を示すことの背景にビリーフの食い違いを見い出している。CA による教授理念が言語そのものよりも学習過程を、言語形式よりも意味伝達を重視する点などに現れるビリーフの違い、さらには教師の役割に関する認識の違いは、西欧とアジアの文化や世界観の違いに根ざしたものだとしている。Ellis は、異文化の中で教える講師は、教授法に関しても自文化中心主義を捨て、異文化の仲介者として双方の規範を十分に理解した上で調和の糸口を見つけていく役割を担うべきだと結んでいる。

Anderson (1993) 以下、上記の研究はいずれも Ellis と同様の問題意識を持つ。Anderson は、中国の英語教育に CA を導入することの賛否をこの問題を論じる多くの論文を引用しながら整理している。Rao (2002) は、教師中心、翻訳や暗記中心とされるアジア地域の学習者の学習スタイルについて、授業観察等による先行研究の結果を援用しながら分析している。また、アジアに特徴的な学習スタイルを踏まえた上で、アジアの学習者のニーズや志向に応えながらも彼らの学習スタイルの幅を拡大していくための具体的な方法を紹介している。

Hu (2002) はコミュニケーション重視の英語教育 (CLT: Communicative Language Teaching) が中国に根づきにくい最大の要因として、儒教思想を背景に持つ中国の学習文化を挙げ、教授や学習の概念といった生活に根づいた哲学に見られる中国文化の特質を解き明かしている。

さらに、Li (1998) は、現職の韓国人英語教師たちが CLT を取り入れようとする際に直面する困難を調査とインタビューを通して明らかにした。Li の調査結果は、本研究の対象である NNJLT の実情と重なっていることから、2.2.3 で再び触れることにする。

2.2.2.3 言語教育の特質をテーマにした研究

Freeman & Johnson (1998) が三つめの領域としてあげる「(3) 言語教育の特質」は、「(1) 受講教師の特質」や「(2) 学校や学校教育の特質」に関する研究結果に基づいた言語教育を追求していくことである。これまでの教師教育が第 2 言語習得 (SLA) 研究によって効果的だとされる教授法を受講教師に伝えることを中心としてきたとすれば、ここで提案されているのは、教師の

認識やビリーフ、学校教育が持つ規範や価値観をありのままに取り込んだ上で言語学習の実態やその効果を研究の俎上に載せていこうとする新しい視点である。それに際し、Freeman & Johnson (1998: 409-412) は、(a) これまで社会的な観点から言語学習を見ることの少なかった SLA 研究がその視野と基盤を拡大していくこと、(b) SLA 研究が現場教師の持つ実践的な知識と連携を持って発展していくこと、(c) 現場教師が自らの教授行為の基盤となる知識やビリーフを意識化していくことが今後の課題となると述べている。この分野の研究成果が形として現れるのは、まだこれからのことだと思われるが、教室学習の効果に最も強く働く変数の一つである教師の存在から言語教育の特質を解き明かそうとする試みは、教師教育にとって全く新しい道標を提示していると言ってよい。

2.2.2.4 研究方法

最後に、第 2 言語教師教育研究で用いられる研究方法についてまとめる。training から development への潮流の中で求められる研究では、すでに見たように、教師はどんな経験や知識を持ち何を判断の材料にして教授活動を行っているのか、それは何を刺激として変容するのか、さらに、社会的な存在としての学校や学校教育は教師の教授活動にどんな影響を与えるのかといったことを研究課題としている。こうした研究課題の下にこれまで行われてきた研究は、多くが質的研究である。生身の教師のビリーフや判断、社会的な存在である学校教育などを研究対象とする際、教育に関わる変数を統制して多数の教師を対象に数量的データをとるのではなく、まずは、一人の教師とその教授環境をまるごと記録して、教育に作用するさまざまな要因を明らかにしていくことは妥当な手順であると思われる。データとしては、すでに見たように、ダイアリー、授業録画、受講教師による内省レポート、回想インタビュー、受講教師間の相互レポートやディスカッションの記録などが用いられている。このようなデータ収集の方法には、ありのままの教育の実態を歪めてしまう危険性も潜んでいる。たとえば授業録画のために教室にビデオカメラが入ることで教師や学習者が他者の目を意識してしまうこと、ダイアリーや内省レポート、回想インタビューにおいて教師が自らの思考を言

語化することが教師の意識的な内省を強く促す効果を持つことなど、いくつかの影響が考えられる (Woods 1996: 35–46)。上述のような研究方法による影響を少しでも減じるためには、Woods (1996: 42–45) が指摘するように、複数のデータを用い、データに繰り返し出現する「パターン」に注目すること、また、そうした「パターン」を仮説として捉え、その裏付けを別のデータにも求めて検証していくなどの分析方法が求められる。現在第 2 言語教育研究で行われている質的研究の目的は、あらゆる教授環境における教育に共通する普遍性を求めることではなく、ある限られた条件の中であるにせよ、現実を忠実に反映した事実を、その研究を経なければ他の教師や研究者の目に触れることのなかった事実として提示していくことにあると思われる。

2.2.3 非母語話者現職教師教育に関する研究

NNT 現職者教育に関する研究のテーマは、概ね (a) NNT の役割、(b) NNT の運用力開発、(c) NNT の教授活動に関する実態、(d) 教師教育の方法論に分けられる。Freeman & Johnson (1998) の枠組みで言えば、いずれのテーマも「(1) 受講教師の特質」を中心的に探求している。しかし、同時に、NNT 現職者教育が目標言語の位置づけとしては外国語教育、受講教師の成長過程としては現職者研修 (in-service)、また受講教師と目標言語の関係としては非母語話者教師という特質を持ち、それぞれのテーマを考える上ではいずれの特質にも目を配る必要があることから、「(2) 学校・学校教育の特質」「(3) 言語教育の特質」の領域にも跨って行われている研究が少なくない。以下、上記 (a) ～ (d) の 4 つのテーマごとに先行研究を通観する。

2.2.3.1 非母語話者教師の役割

阿部・横山 (1991) は、本研究と同様、日本語国際センターが実施する NNJLT の再教育の課題の一つとして、教授法授業を NNJLT の意識や実状に適したものへと改善する必要性をあげ、その基礎となる情報収集のために NNJLT (多国籍構成) 46 名と海外での日本語教育の経験を持つ日本人教師 43 名を対象に意識調査を行った。その結果、調査対象となった NNJLT 全員が「日本語教師として不足するもの」として日本語能力をあげ、実際には

高い日本語運用力を身につけている NNJLT にも「日本語能力の不足」感があることから、今後の再教育への指針として、NNJLT が自信を持って教壇に立つために日本語能力の充実を図ることが重要であるとしている。また、NNJLT の利点としては、①学習者と母語が同じである、②学習者と文化背景が同じである、③学習者としての経験があるという3点が挙げられるが、調査の結果では、NNJLT の意識が①に集中していることがわかった。阿部・横山 (1991) は、NNJLT が②③にももっと目を向け、NNJLT ならではの利点を生かした教授法を取り入れる必要性を指摘し、そのためには、母語の使用を生かした教授法の開発などに加えて、NNJLT 自身の学習体験の意識化が重要であるとしている。

石井 (1996) は、NNT の利点として、阿部・横山 (1991) と同様の認識を示した上で、学習者が社会的存在であり、第2言語学習が (個人的活動であるだけでなく) 社会的な活動であることに注目し、次のように述べている。すなわち、教師が学習者と文化的背景を共有することについて、学習者の興味・関心や学習スタイルを理解できるとする阿部・横山 (1991) の指摘に加えて、「日本語を学ぶということがその社会でどのような意味を持つかということを含めて学習者個人の学習動機や目的を理解することができる。(p.90)」ここで示された認識は、教授行為を社会的文脈の中で捉えようとする Freeman & Johnson (1998) の認識に重なるものだと思われる。

古市 (2005) は、岡崎 (2000a 等) が提唱する「多言語・多文化社会を切り開く日本語教育」を目指し、「共生言語の創造」という目的の下に、受講教師側、参加者 (学習者) 側ともに母語話者、非母語話者双方が関わる日本語教育実習において、非母語話者実習生が自らの果たした役割をどのように認識しているかを調査した。20名の非母語話者実習生へのインタビュー等により、NNJLT の役割として、①通訳支援を通して母語話者参加者と非母語話者参加者の対話を促す、②マイノリティとして参加者を心理的に支援する、③非母語話者参加者の「身近なモデル」となったり、「在日生活の経験を非母語話者参加者に伝える」といった役割を通して非母語話者参加者の「代弁者」として社会活動面での支援をする等の役割が抽出された。

金井 (2004) は、古市 (2005) と同様、「共生日本語」創造に向けた日本語

教育実習において、非母語話者実習生 2 名を対象に、教壇実習直前と実習終了後 2 ヶ月にインタビューを行い、NNJLT としての意識の変容を調べた。その結果、① NS 実習生と NNS 実習生の間に力関係はないと考えるようになった、②教える場が「母国」だけから「母国と日本」へと拡大した、③教える対象について母国人から母国人以外の外国人も含めて考えるようになった、④教室言語として母語だけを考えていたが、母語と日本語で教えることへと変わった、⑤実習前にあった NNJLT としての不安が解消し、日本人を含む参加者の教師役となったことに自信と達成感を得た等の変化が観察された。

「多言語・多文化社会を目指した共生日本語教育実習」においては、朱・単(2002)、野々口(2002)、平野(2004)等も、NNJLT の果たしうる肯定的かつ積極的な役割を示唆している。また、古市(2005)以下、一連の研究は、これまで日本国内においてはほとんど注意を払われることのなかった NNJLT の役割に焦点を当て、日本在住の外国人のみでなく、その隣人としての日本市民への働きかけにおいて NNJLT が貢献する可能性を追求した点で新規性が高い。これら一連の研究において抽出された NNJLT の役割の多くは、「共生日本語教育実習」の場が日本であること、その参加者として日本語非母語話者だけでなく日本人も含まれていたこと、授業の焦点が言語学習ではなく、問題解決型の活動中心であった(岡崎 2000a 等)ことが大きく関与した結果もたらされたと解釈される。したがって、本研究が対象とする海外の NNJLT の役割としてすぐに適用することは難しいが、経済だけでなく文化・社会面においてもボーダーレス化の進行が予測される将来に向けては、海外の日本語教育にも貴重な示唆を与えるものである。

NNT が NT にはない独自の利点を持ち、NNT-NT 間の協力が単に相互の欠点の補完に留まらず、両者の視野や能力の拡大につながるという意識は、NT 側からだけでなく、NNT 側からの発信(Medgyes 1994)としても見られる。しかし、言語教育に見られる NT 優位意識は未だ根強いのも現実である。Murti(2002)は、NNT の立場から、native／non-native という区別が欧米語においては帝国主義の流れを引いていることもあり、優劣の視点で見られがちであることを厳しく批判している。NT 優位意識は「教師を目標

言語および文化についての知識を与えモデルを示す者として位置づける伝統的な言語教育観、教授法における教師観と強く結びついている」とする石井(1996: 88)の指摘にもあるように、言語教育観・教授観にその根源があると思われる。本研究における再教育では、阿部・横山(1991)で明らかにされたように「日本語能力の不足」に劣等意識を持ちがちな NNJLT に対して、そうした意識の源泉である言語教育観・教授観からの見直しを促すことを、日本語学習の一環としての聴解授業を通して試みる。

2.2.3.2　非母語話者教師の言語運用力の開発

言語運用力の優劣が教授力の優劣と無縁であることは前節で確認したが、阿部・横山(1991)の調査結果にもあるように、NNT 自身の切実なニーズとして言語運用力の向上があることは事実である。Murdock(1994)が 208 名の NNT(pre-service の NNT も含む)を対象に行った調査では、半分以上の回答者が教師教育コースの 50％以上の時間を運用力向上に当てたいと考えていることが報告されている。また、Berry(1990)が NNT を対象に、教授法、理論、言語運用力のいずれを最も必要とするかを問う調査を行ったところ、理論が最も低い評価を受ける一方で、言語運用力に対する評価が非常に高かったという結果が報告されている。この結果を受けて、Berry は、NNT 教育プログラムでは運用力の向上が大きな位置を占めるべきだと主張し、その理由として次の 3 点を挙げている。①教師の自信を高めること(事実としての運用力の低さよりも自信のなさの方が大きな問題である)、②教室での目標言語使用を促進すること、③教授法の選択肢を広げること(多くの NNT が CA の導入に消極的な理由の一つは、教師の運用力が障害になるからである)。さらに、「あなたの教授法に影響を与えた要因は何か」を問う調査の結果として、次のような順番で強い影響力が見られたと報告している。①自分自身の目標言語学習、②現職者として受けた研修、③本や論文からの影響、④教職に就く前に大学等で受けた教授法。これを受けて、Berry は、教師教育コースにとって、運用力向上と教授法を統合することは「一石二鳥」の方法であるとしている。

　言語学習クラスで学んだ体験を教師の目で振り返って教授法の学習につな

げる「学習体験」の効用は、上述した Berry (1990) のほか、Bax (1997)、Wright (1991)、Cullen (1994)、Flowerdew (1998)、八田 (1995) 等多くの研究で取り上げられている。たとえば、Flowerdew (1998) は、大学の教師養成プログラムにおいて、教授法に関する内省的思考を最大限に引き出す効果を狙って外国語学習を組み入れたことを報告している。Flowerdew は、外国語学習クラスにおける学習体験と教授法クラスによる教授法学習を、Wallace (1991) が言う Experiential knowledge (体験によって獲得する知識) と Received knowledge (理論学習による科学的知識) に対応させて説明し、言語学習は教授法クラスによる Received knowledge を受けて促進され、教授法学習は外国語学習クラスの体験による Experiential knowledge を通じて吸収されるという相乗効果が、受講教師のダイアリーの記述から明らかになったことを報告している。

　Cullen (1994) は、運用力向上を担う「学習体験」を中心に NNT 現職者教育プログラムをデザインすることを提言し、次の3つの段階を提示している。段階1 (Input)：言語学習を受ける、段階2 (Processing)：教案、教材、授業の録音・記録などを材料に、段階1の体験を分析・評価する、段階3 (Output)：受講者自身が教案を書く、活動を改訂する、マイクロティーチングを行うなど教師としての活動を行う。

　以上、NNT の運用力向上をテーマにした研究を概観したが、NNT と一言で言っても、日本語教師の例だけをとっても、2万名余りが世界中に散在しており、その現状やニーズは多様である。横山・木谷・簗島 (1998)、横山・木田・久保田 (2004) は、本研究の調査対象者と同様、日本語国際センターで再教育を受けた NNJLT (横山・木谷・簗島は 32 ヶ国 89 名、横山・木田・久保田は 31 ヶ国 144 名) の運用力をプレースメント・テストのデータを用いて分析している。これらの NNJLT の運用力は、日能試3級の得点で 50% 以下から2級の得点で 100% まで、また口頭能力試験 OPI の判定が「初級の中」から「超級」までと非常に幅広いことがわかる。また、木谷・坪山 (2000) は、同様の NNJLT (41 ヶ国 752 名分) を対象にした質問紙調査の結果から、NNJLT の特性を分析しているが、これまでに指摘されてきた「言語運用力の不足に対する問題意識」についても、国別・所属機関別に詳細を

見ていくと、必ずしも一様ではなく、たとえば高等教育機関教師では「日本語能力」は最優先される項目ではなく、「日本に関する知識」の不足を問題視する傾向が強いなどの結果を報告している。以上のような調査の結果を見ると、運用力向上に求められる内容にも度合いにも幅があることがわかる。しかし、目標言語学習について学習者の視点と教師の視点を併せ持つことはNNTの最大の武器である。教師教育プログラムに言語運用力向上を取り入れることで教授法のための時間が削られるということではなく、「学習体験」の積極的な活用は、次項で述べるNNTの教授活動の向上のために大きな役割を果たすと言えよう。

2.2.3.3 非母語話者教師の教授活動

前述のLi (1998) は、韓国の中等教育において第6次教育課程が導入されたことにより、コミュニケーション重視、学習者中心に重点を置いた英語教育が目指されるようになったことを受け、現職の韓国人教師たちがコミュニケーション重視の英語教育をどのように受け止めているのかを調査票とインタビューによって調べた。調査対象となった18名の教師のうち12名が、CAの教授活動を試みたことがあるが困難に直面したと語ったが、その際、教師たちによって報告された困難の内容は、次のように分類される。①教師に起因する困難：口頭運用力の不足（自信の不足）、社会言語学的知識等の不足により学習者の質問に答えられない、CAに関する研修機会の不足、CAに関する誤認（文法や正確さを無視して会話の流暢さだけを重視するものだとする誤認）等、②学習者に起因する困難：英語運用力の不足からCAの教室活動が実施できない、教師主導・知識伝授型の教育風土から学習者中心の教室活動に対する抵抗が見られること等、③教育制度に起因する困難：クラスサイズが大きいこと、大学入試が文法重視であること等、④CAそのものに起因する困難：ESLとは異なるEFL特有の教授環境への適応が十分考慮されていないこと、効果的かつ効率的な評価方法の欠如等。Li (1998) は、コミュニケーション重視の英語教育を成功させようとするなら、韓国の教育全体における基本的なアプローチを変える必要があると結論づけるとともに、いくつかの具体的な提言を行っている。たとえば、EFL環境のニー

ズを考えると、読解力の開発に力を入れる必要があるが、その際、伝統的なやり方ではなく、CA の考え方に基づいた意味重視の読解を取り入れるべきである。また、CA に文法は無用だといった誤認を正し、適切な文法の扱い方についての認識を周知していく必要がある。さらに、欧米で開発された教授法を消費者として援用するだけでなく、EFL 環境にふさわしい教授法の研究開発が求められるとしている。これらは、ESL で開発された教授法を外国語教育に取り入れようとする全ての国や機関にとって有意義な提言であろう。また、既成の教授法をそのまま受け入れるのではなく、自らの教授環境に適した教授法を自ら開発すべきとする提言は、受講教師が自らの教授環境に適した教授法を自ら開発することを目指す development の概念と全く重なるものである。

　王・長坂・中村・藤長 (1998) は、Li (1998) と同じく第 6 次教育課程が導入されたことを受け、韓国の高校で日本語を教える教師たちがこの変化をどう受け止め、何を問題と感じているのかを明らかにすべく、韓国人高校教師の NNJLT45 名に対する調査を行った。その結果、教育課程の改訂に伴い、意識の上ではコミュニケーション重視、学習者中心という新しい概念の影響を受け、それを実現しようとはしているが、教室活動レベルでの具体的な方策を充分に知らないことから、従来の講義形式、教師主導型の活動にとどまっている教師が多いことがわかった。教育課程の内容と現場の実情とのギャップを解決するために、①基本理念の理解、②具体的な活動の紹介、③自分のクラスの状況に応じた適用への方策が必要であるとする認識は Li と一致している。藤長・中村・長坂・王 (1999) は、王ほか (1998) の指摘を受け、さらに詳しく韓国の高校における教授 (学習) 活動を探る目的から質問紙調査を行った。その結果、学習者に自由な選択がある活動はあまり導入されていない、学習者同士の発話機会が多い活動形態はあまり導入されていない、教室内において日本語がコミュニケーションの手段になっているとは言いがたい等、「活動そのものにおいて、学習者をその主体として積極的な役割を与えていくことはあまり行われていない」(p.114) と、王ほか (1998) において指摘された現場の実態をより詳細に浮き彫りにしている。

　久保田 (2005) は、NNJLT224 名 (43 カ国) に対して Horwitz (1987) が開

発したビリーフ調査(BALLI: Beliefs About Language Learning Inventory)を行った。その結果、性別、教授年数別、教授対象別による分析と比して、地域別分析が最も特徴的な回答傾向を示した。特に、インドネシアおよびロシアの中等教育教師には、「外国語学習では文法が一番大切」「授業では詳しい文法説明が必要」「授業ではできるだけ多くの知識を与えるべき」「学習者の誤りはすぐに訂正すべき」など、文法志向、正確さ志向が強く見られることが報告されている。こうした地域別のビリーフの特徴は、当該地域の社会文化的特徴と密接に関連している可能性が強く、再教育は、その背景を無視して単にこれらのビリーフを塗り替えることを目的とすべきではない。しかし、144名のNNJLTの運用力分析を行った横山・木田・久保田(2004)では、同様の背景を持つインドネシア、ロシアおよびオーストラリアのNNJLT群について、その学習経験に見られる傾向と技能バランスの傾向の間に明らかな関連があることが示されており、学習スタイルの特徴は、良くも悪くも習得結果に影響を及ぼす可能性が強い。NNJLTが自らのビリーフや学習スタイルを客体化して考察し、視点を拡大した上で再構築することは、自国を離れて行われる再教育の重要な目標となる。

　笠原・古川・文野(1995)は、NNJLTの再教育における教育実習の反省会での話し合い(発話)を調査対象として分析し、これらの発話に窺われるビリーフの一端を明らかにしている。調査対象のNNJLTの発話には、「(自己の授業に対する)謙遜」「(他のNNJLTの授業に対する)ほめ」「(他のNNJLTに対する批判的な意見を)オブラートに包む」といった自己防衛的な発話の特徴が観察された。その背景には、反省会が「授業の悪い点を指摘する場」であるという認識があり、教授経験の浅いNNJLTの間には「実習はよりよい教授技術を体得し教授技術についての良い知識を身につける場であり、技術は他からの指摘により正され向上していく」(pp.112–113)ものだという見解が見られたと述べられている。ここで示されたNNJLTの見解は、受講教師は指導講師が示す一定の知識や技術を身につけることを目指すとするtrainingの概念と重なるものである。

　笠原・古川・文野(1995)は、当該のNNJLTに対する再教育がその目的を「自己の客観化による教師としての成長」に置いていることから、再教育におけ

る教授法授業を通じて指導講師の意図が受講教師に伝わらなかった原因の分析を次のように試みている。すなわち、実践的活動について内省する際、内省の材料となる知識として、実用的知識と理論的知識が必要だが、教授法授業を通してインプットされた知識は実用的知識が中心で、理論的知識のインプットが十分でなかったことを述べている。確かに、実践活動を内省したり評価したりするにあたっては、普遍性のある理論的知識に基づき、教師や教授環境の背景にある言語観や学習観に照らして理解した上で活動の効果を考察しない限り、反省会での発話は主観による良し悪しの判断に留まってしまう。しかし、理論的知識のインプットには、抽象的で深い思考が可能な共通言語が必要であること、理論的知識を効果的に導入するためには研修参加者のレディネスを理解する必要もあり、指導講師と受講教師の母語や母文化が異なる場合の大きな課題となっている。

　木田・柴原・文野 (1998) は、こうした問題意識から、NNJLT の多様なニーズとレディネスの記述を試みている。NNJLT の日本語運用力、教授歴、教授対象である学習者の特性や学習目的、教授環境など比較的具体的で把握しやすいものに加え、認知スタイル、学習スタイル、言語観・教育観・教師観などは隠在的な要素であり、捉えにくい。しかし、笠原・古川・文野 (1995) が課題とした「自己の客観化による教師としての成長」のためには、学習観や教授観など教師としての根源的な認識に揺さぶりをかけていく必要がある。次節で述べる教師教育の方法論を課題とする研究は、いずれもこの難しい課題に向けての挑戦であると言ってよい。

2.2.3.4 教師教育の方法論

Dubin & Wong (1990) は、1983–1987 年にかけてハンガリーで行った 3 週間の NNT 現職英語教師研修において、受講教師のニーズの把握、指導講師間のコーディネーションに大きな不足があったことを指摘している。米国から送られた指導講師の中には、自国における通常の教授対象である米国の大学生に対する講義と同じ内容を提供するのみで、ハンガリーの NNT 受講者のニーズが理解できていなかった者も少なくないとし、今後 NNT 現職者研修を企画・運営する上でのチェック・ポイントを挙げている。たとえば、受講

者のプロフィール、当該国の国定シラバスや教材、共通試験に関する情報、教授環境（担当科目、時間数、クラスサイズ、教師の立場など）、受講教師の研修参加に関する利益や義務、スポンサーに関する情報、コーディネーターの存在、研修の目的と目標およびシラバスの設定等である。

　飯田・平塚・前田・百瀬(1991)は、日本語国際センターにおける2ヶ月の再教育プログラムに参加した29か国132名のNNJLTについて、Dubin & Wong (1990) がチェック・ポイントとして挙げたようなさまざまな要因を分析し、教師の特質や教育現場の多様性への考慮と対策の必要性を強調している。また、今後、こうした多様性に対応できる多種多様な再教育プログラムを開発する必要を述べるとともに、2か月という短期間のプログラムでできることを整理している。さらに、短いプログラム期間内には解決できなかった問題について、帰国後もプログラム修了者への持続的な支援体制を構築することを目指し、関係諸機関との連携を含めた日本語教育の情報交流ネットワークづくりを提言している。

　阿部・三原・百瀬・横山(1992)は、9ヶ月の再教育プログラムに参加した多国籍のNNJLTを対象とした教育実習について、NNJLTの自国の教授環境と比べて多くの特殊性を持っていることから、その特殊性を理由に実習の意義を疑問視するNNJLTもあったことを報告している。しかしながら、実習の特殊性の分析を経てみると、自己の教育現場と異なる体験をすることは、マイナスの要素を持ちながらもダイナミックで意識の深部に届く体験となりうることを指摘し、実習の機会を積極的に生かすためには、実習に先立つ教授法授業の段階から表面的な知識や技術の習得ではなく、「意識」の開発に努めていく必要があるとしている。ここには、教師教育が行われる環境と受講教師の教育現場とのギャップというNNT現職教師教育に特有の課題とそれに対する取り組みが見られる。

　藤長(2001)と篠崎・八田・向井・古川・中村・根津・島田(2004)は、いずれもNNJLTを対象とした2ヶ月の再教育プログラムにおける教授法の実施方法について報告している。いずれも多国籍構成のNNJLTの多様性への対応を焦点としているが、藤長(2001)は、共通の問題点が設定しにくい特性を利用して、受講教師同士が教授環境や教授法の違いに刺激を受けて自分

自身の教授活動を振り返ることを狙い、受講教師同士の教室活動のアイデア交換を主とする教授法授業を追求している。一方、篠崎ほか (2004) は、できる限り教授環境を共有する国・地域別のクラス編成を重視し、またクラスの人数を少数に抑えることで、多様性の要因を少しでも減らし、個別のニーズに最大限応じる対応を試みた。同じ課題に対してそれぞれの対処法を試み、それぞれの成果をあげた 2 つの実践報告に見られるように、教師教育の方法論には唯一の正解があるわけではない。教師教育実施機関や指導講師側にも存在する多様性に対しても目を配り、その時々に可能な選択肢の中から最大限の成果を追求していくことの意義をこの 2 つの実践報告は示している。

以上に取り上げた論文の他にも、日本における NNJLT の再教育に関する報告としては、荒川・三原 (1994)、来嶋・木田 (2003)、小玉・古川 (2001)、坪山・前田・三原 (1995) 等がある。また、海外における NNJLT の再教育に関する実践報告としては、インドネシアの大学における NNJLT 再教育について報告する百瀬 (1996) および Evi・亀田・松尾 (2003)、豪州クイーンズランド州における初等・中等教育の NNJLT 再教育について報告する藤長 (1995)、米国における中等教育日本語教師 (NNJLT の他に日本語母語話者も含む) の再教育について報告する横山・兜森・古山 (1995) 等がある。一方、英語教育の NNT 教育としては、Karen (2003) が NNT のニーズに基づいて、教師養成のための基礎コースの実践内容として次の諸点を挙げている。すなわち、母国の教授環境への適合性・実行可能性を意識して教授法を選択する能力を養成すること、母国と欧米 (教育実施地) の学習文化の違いを意識させること、NNT の特性を活かすとともに、NT との協力や学び合いの視点を導入すること等であり、これらは上述の日本国内外での NNJLT 再教育に関する報告で述べられている理念と共通である。

2.2.4 第 2 言語教師教育に関する先行研究の総括

最後に、第 2 言語教師教育に関する先行研究の成果と課題をまとめ、この分野における本研究の意義と目的を述べる。

まず、第 2 言語教師教育研究の方向性として、Richards & Nunan (1990)

に端を発した training から development へと向かう流れを背景に、研究者が処方した理論を教師が実践するという旧来の図式が求心力を失い、実践に有効な理論を研究者と教師が協同で開発するという図式に比重が移ってきたことが認められる。また、この新しい図式の構築に当たっては、実際の教育活動が何によってどう構成されているかをもっとよく知る必要が生じ、Freeman & Johnson (1998) が設定した3つの研究領域、(1) 受講教師の特質、(2) 学校・学校教育の特質、(3) 言語教育の特質に基づいて言えば、これまでの研究は (1) を中心に展開されている。また、その中でも、受講教師の既得知識や過去の経験に基づくビリーフが言語教育に関する認識や実践の大きな決定要因であることを報告する研究が多い。

　上述の研究動向は、NNT の再教育についても共通である。一方、本研究の調査環境がまさにそうであるように、多くの NNT 再教育は、目標言語の母語話者を指導講師として行われることから、いくつかの課題を抱えている。①指導講師と受講教師が国や文化を異にすることから（また特に受講教師グループの構成が多国籍である場合には）指導講師が受講教師の教育現場の状況を把握しきれないこと。また、教授法理論の多くが ESL を中心とした環境の中で開発されてきたのに対し、NNT の教育現場の目標言語の位置づけが EFL、JFL などの外国語教育であることから、目標言語を第2言語として捉える傾向がある指導講師と外国語として捉えてきた受講教師の間に意識の齟齬が生じがちであること。②受講教師の実際の教育現場は外国語学習環境であるのに対し、（多くの場合）再教育の現場が受講教師にとって第2言語学習環境であることから、再教育の現場における実践をそのまま自国の教育現場に適用することができないこと。③指導講師と受講教師の共通言語が（多くの場合）受講教師にとっては外国語である目標言語であり、教授法理論に関する議論など、抽象的で深い思考を要する伝達や意見交換が成立しにくい場合があること。

　NNT 再教育に関する先行研究の多くは、①②③の課題についての報告や論考、課題への対応に関する実践報告が中心で、実証研究の要素が薄いことが指摘できる。本研究は、NNT 再教育の方法論の一つとして、聴解の学習体験をとりあげ、その効果を検証することを目的とする。学習体験は、教授

法の知識ではなく新規学習経験を提供することによって、受講教師に学習観、指導観の内省を促すものである。すなわち、Berry (1990) ほか多くの研究が指摘するように、学習者の視点と教師の視点を併せ持つ NNT の利点を最大限に生かし、学習観、指導観の内省を誘発する可能性を追求するものである。その際、受講教師グループが多国籍であるために、背景や視点の多様性が学習観、指導観の拡大に効果的に働くことが想定される。さらに、教授法の直接的な議論や理論学習ではなく、学習体験から指導法の内省を求める方法は、上記の課題③に対応するものでもある。一方、本研究の遂行は、上記の課題①②に対応し、指導講師と受講教師が相互の学習観、指導観に関する理解を深め、JSL と JFL の共通項を見出すと同時に JFL 特有の課題に焦点を当てた教授方法の開発を求めていくための基礎資料を提供する。本研究では、調査対象の NNJLT がこれまでどんな経験や認識に基づいた学習観、指導観を持っているのかを明らかにした上で、新規学習体験として過程重視の聴解指導を提供し、その結果としての学習観、指導観の変容を実証的に観察していく。

第 3 章
対面場面における聴解過程の分析

本研究は、従来あまり扱われてこなかった対面場面における聴解過程を研究対象とし、対面聴解のストラテジーを軸とする聴解指導を行い、その指導の影響を指導前と指導後の聴解過程の特徴の変化から捉えていく。本章では、本研究の研究対象である非母語話者日本語教師（NNJLT）の再教育前の対面聴解過程を調査した【研究 1】について述べる。

3.1 研究目的と研究方法

3.1.1 研究課題の設定
3.1.1.1 対面場面における聴解過程
2 章で確認したように、聴解過程の研究動向として、非対面聴解への偏重が指摘される。しかし、実際の言語生活では対面聴解が主体であることから、本研究では、研究対象である NNJLT の対面聴解過程を調査し、その実態を明らかにすることを目的とする。Rost（1990: 5-6）は、対面場面の聴き手の役割を次のように発話権の大小による連続体として示した。

① 参加者（participant）：話し手と同等の発話権を持つ場合（例：二人の会話に参加する一方）
② 受信者（addressee）：話し手が直接的に話しかける相手で、限定された発話権を持つ場合（例：講義を聴く学生）

③聴取者 (auditor)：話し手が直接的に話しかける相手だが、非常に限定された発話権しか持たず、通常反応が期待されていない場合 (例：バスの中で運転手のアナウンスを聴く乗客)
④傍受者 (overhearer)：直接的に話しかけられておらず、発話権を全く持たない場合 (例：銀行の窓口に並んで前の客と出納係の会話を聴く客)

　本研究が調査対象とする対面場面は、1対1で話し手が物語を話すという設定で、基本的には話し手が一方向的に物語を話すという意味で上記②に当たるが、1対1の対面で他の参加者の存在を意識する必要がないという意味では①に近い。話し手が聴き手に向かって一定量の情報を伝えるという設定は、日常生活における聴解として典型的とは言えないが、(1)聴き手による聴解過程の異なりを調べる目的から話し手の伝える情報を一定に保つ必要があること、(2)「モニター」の適用範囲を観察するためには一定以上の長さを持った談話が必要であることから、このような設定を選んだ。Rost (1990) では、「②受信者」の例として講義を聴く学生の役割が挙げられているが、聴き手からの明示的な反応や質問は、(理解を得て初めてその目的を達する) 講義の成否を左右する。「受信者」としての聴解過程を明らかにすることは、講義や講演における聴き手の役割 (Flowerdew Ed. 1994; Lynch 1997) を考える上でも有益だと思われる。
　2章で述べたように、学習ストラテジーの分類には、①メタ認知ストラテジー、②認知ストラテジー、③社会ストラテジー、④情意ストラテジーがある。「質問」のストラテジーは、従来の聴解ストラテジー研究 (Vandergrift1997a, 2003等) では、対話相手への働きかけという意味で社会ストラテジーに入れられていた。本研究では、対話相手をリソースとして活用するという意味で社会ストラテジーとして考えると同時に、「質問」により言語タスクを操作するという意味では認知ストラテジーであり、また、理解を「モニター」した結果として「質問」が生成されるという意味ではメタ認知ストラテジーとも連動するものとして考える。本研究では、分析対象の聴解過程として対面場面を用いるが、その際、対面場面における「質問」が

手助けを求める行為であるのみならず、「質問」に至る過程で理解をモニターし、「質問」の焦点を定める過程で問題を分析・精緻化する行為であることを想定している。

　「質問」ストラテジーが手助けを求める行為としてしか定義されないのであれば、発話としての「質問」が実現できない非対面聴解では、それは無用である。しかし、「質問」ストラテジーが問題を発見し、問題を分析・精緻化する過程を含むものとして定義されれば、それは非対面聴解においても「自問自答」として役割を果たす。読解過程における自問自答の果たす役割を発話思考法によって調べた舘岡 (2001) は、読解力の高い読み手が (読解力の低い読み手よりも) グローバルな自問をすると報告しており、自問自答が読解という非対面の理解過程において重要な役割を持つことを指摘している。また、Rost & Ross (1991) は、対面聴解における「質問」ストラテジーの調査研究の中で、(対人ではなくビデオを用いた) 非対面場面で聴解および質問を行った学習者群との比較を試みているが、非対面場面では、(理解できなかった部分等について意味を求める質問を発しても回答が得られないことから) 先行テキストの理解に基づいた推論の質問 (Inferential Strategy) が多く用いられたことを報告しており、ここでは、言い換えれば自問が発せられていると解釈される。これらの先行研究を参照することによっても、仮に他者からの回答が得られなくとも、読み手や聴き手は自問を発しており、また自問の生成が理解過程における問題解決に有効であることが示唆される。

3.1.1.2　先行研究における「モニター」の位置づけ

すでに 2 章で確認したが、非対面場面の聴解過程を調査した先行研究の多く (O'Malley, et al. 1989; Vandergrift 1997a, 2003 等) は、効果的な聴き手 (effective listener) がメタ認知ストラテジーを多く用いること、特に「モニター」の使用が多いことを指摘している。自らの研究に加えて O'Malley et al. (1990)、Oxford (1990) 等の研究成果も取り入れて網羅的なストラテジー・リストを提示している Vandergrift (1997a, 2003) は、「モニター (Monitoring)」を次のように定義している。

Checking, verifying, or correcting one's comprehension or performance in the course of a listening task.　　　　（Vandergrift 1997a: 392–393）
聴き取りの過程で自らの理解を確認・検証・修正すること（本書筆者訳）

Vandergrift (1997a: 392-393) は、「モニター（Monitoring）」の下位分類として、① Comprehension monitoring（局所的な理解において確認・検証・修正すること）、② Auditory monitoring（聴覚的印象にしたがって理解を判断すること）、③ Double-check monitoring（聴解を進めるにしたがって、あるいは 2 度目に聴く際に、自らの理解を確認・検証・修正すること）の 3 種を設定している。
　一方、水田は、メタ認知ストラテジーとしての「自己モニター」を次のように定義している。

自分の注意の向け方が聞く目的に対して適切かどうかをモニターし、調節する　　　　　　　　　　　　　　　　　　　　（水田 1995a: 69）

また、水田はこれに加えて、「テキストから自分の理解したこと、予測したこと、推測したことが正しかったかどうかを確認する」と定義する「確認」を認知ストラテジーとして位置づけている。Vandergrift (1997a) の"Double-check monitoring" と水田の「確認」が類似した定義を示しながら、前者はメタ認知ストラテジーに、後者は認知ストラテジーに分類されている疑問については、2 章（2.1.3.4）で述べたとおりである。以下に、このような問題が生じた原因について考察し、本研究の聴解過程分析における「モニター」の位置づけを述べる。
　「モニター」は、理論的には、次のような思考過程を経て実行されると考えられる。

① 　問題（理解の欠落）を認知する
② 　問題解決の手がかり（たとえば、既有知識、既出の文脈情報など）を特

定する

③ 手がかりに基づいて確認・検証・修正のための方策（たとえば、推測する、後続のテキストに理解を委ねるために保留する等）を選択する

　Vandergrift は、プロトコルに上記①②③のいずれかとの関連が表出されていれば「モニター」として判定したと考えられる。たとえば、「モニター」の下位項目である Comprehension monitoring の一例として、"I translate and see if it sounds right."（「翻訳」ストラテジーと同時使用）というプロトコルを示している（Vandergrift1997a: 392）が、"it" が指すものは何で、"right" と判断する根拠はどこにあるのかは問題にしていない。すなわち、「①問題の所在」、「②問題解決の手がかり」は問わず、「③確認・検証・修正のための方策」が「翻訳」であることだけを取り上げて「モニター」として特定している。

　一方、水田（1999）では、「自己モニター」について、「テープを聞く前には、要約は苦手だなって思ってました」「…これはメモしなくてもよさそうだと思って。（以下略）」（pp.51–52）などのプロトコル例が提示され、「自分の聞き方をモニターする」という点で「メタ認知性が強」いストラテジーである（p.52）と説明されているように、言語タスクの操作よりも高次のストラテジーとして捉えられている。それに対し、水田（1995a）で「テキストから自分の理解したこと、予測したこと、推測したことが正しかったかどうかを確認する」と定義される「確認」（p.69）は、言語タスクを操作するレベルの認知ストラテジーとして分類されたのかと推測される。

　以上で見た Vandergrift と水田の分類の異同を整理する。水田は上記①②③の全過程をより高次から統制していることを示すプロトコル例を「自己モニター」として特定し、Vandergrift は①②③それぞれの段階を示すプロトコル例を別個に「モニター」として特定したと考えられる。言い換えれば、Vandergrift は、プロトコル自体には①②③のいずれかの行為しか表出されていなくても、それぞれの行為の背後に全過程を統制する行為、すなわち水田の言う「聞き方をモニターする」行為を想定していると思われる。確かに、「モニター」の存在自体を検証するためには、Vandergrift が行っているように、プロトコルから確認・検証・修正の行為の一端が報告されればよ

い。しかし、「モニター」がVandergriftの定義のとおり「聴き取りの過程で自らの理解を確認・検証・修正すること」であるとすれば、特別な聴き手だけが「モニター」を行うのではなく、どんな聴き手でも理解に注意を払いながら聴いている限り、「モニター」を働かせる意図は持っていると考えられる。効果的な聴き手をそうでない聴き手と区別するのは、必ずしも「モニター」の頻度ではなく、その用い方ではないのか。

　Goh (2002) は、これまでの研究で同じストラテジーとして分類されてきた思考過程にも効果的なものとそうでないものがあるとする問題意識を持ち、回想プロトコルから抽出したストラテジーをさらに「タクティクス (tactics)」と呼ぶ具体的な手段に分類した。その中で、従来「モニター」として位置づけられてきたストラテジーについて、「集中する」「困難があっても聴き続ける」「理解が成立していることを確認する」「理解できなかった語や内容を特定する」「文脈と照合して現在の解釈をチェックする」「既有知識と照合して現在の解釈をチェックする」「理解に問題のある部分の重要度を量る」「後続のインプットの重要度を判断する」(p.193 本書筆者訳) といった「タクティクス」に分類している。Gohが挙げた「モニター」に関する8種の「タクティクス」は、上記①②③の過程の例証だと考えられる。また、Gohの研究からは、今後の研究への指針として、「モニター」の存在検証に留まらず、その使用実態に注目していくべきことも読み取れる。本研究では、聴解過程を分析するに当たり、プロトコルから抽出できる「モニター」事例の多寡ではなく、上記①②③の全過程を観察し、そこに見られる「モニター」の用い方に焦点を当てることにする。

3.1.1.3 「モニター範囲」への注目

先行研究が報告する効果的な聴解過程の特徴には、「モニター」への言及はなくても、理論的に「モニター」の働きと関連すると考えられる現象がある。たとえば、O'Malley et al. (1989) や Goh (2002) は、効果的な聴き手は意味処理の単位が一般的に大きいという観察を報告している。「意味処理の単位」が句レベルを超え、文レベルを超えて広範囲に渡る背景には、「モニター」が働いていると考えられる。また、水田 (1995) や Goh (2002) 等は、

効果的な聴き手が複数のストラテジーを連鎖的に組み合わせて使うことを報告している。ストラテジーの連鎖的な組み合わせとは、テキスト理解上の一つの問題について一つのストラテジーだけで解決がつかない場合、一旦保留した後に別のストラテジーを追跡的に用いるということだが、聴き手がそういう判断をする背後には、「モニター」が働いていることが必須である。同時に、ある問題が継続的・追跡的に解決される場合、「モニター」は（問題を保留している間に進行するテキスト部分を含む）広い範囲に働いていると推測できる。さらに、O'Malley et al.(1989)、水田(1995)、Goh(2002)、Vandergrift(2003)等は、効果的な聴き手が既有知識や文脈情報を巧みに使うと報告しているが、そのためには、音声から理解したことを既有知識や既出の文脈から得た情報と照合することが求められ、その背後には必然的に「モニター」が働いていると考えられる。また、既出の文脈との照合を考えると、「モニター」が複数の文（あるいは段落）を跨いだ範囲に及んでいる可能性が仮定できる。

　以上で見たように、ストラテジーの連鎖的使用、文脈情報の活用といった効果的な聴解過程に共通する特質を考えると、同じ「モニター」でも単語レベルや文レベルなど狭い範囲の「モニター」ではなく、広範囲の「モニター」が効果的な聴解に貢献していると仮定できる。もし理解を進める上での問題として認知された対象が単語であっても、「その単語がテキスト全体の理解のために鍵となる重要な単語であり、その単語がわからないことは問題だ」とする「モニター」が働いたのであれば、それはテキストレベルの「広範囲モニター」である。しかし、広範囲をモニターする視点がないままに一つ一つの単語がわかるかどうかだけを問題視する理解過程は、ボトムアップ一辺倒の理解過程に他ならず、テキスト全体の理解に貢献するとは考えられない。これまでの先行研究では、「意味処理の単位」に言及することによって「広範囲モニター」の意義は示唆されてきたものの、「モニター」の範囲を指標としたプロトコル分析は行われてこなかった。本研究では、「モニター」の量（使用頻度）ではなく質に焦点を当てた分析を行うこととし、その際、「モニター」実行に伴う一連の思考過程（上述の①②③）に着目することにより、「モニター範囲」を指標として聴解過程を分析する。

以上の考察に基づき、【研究1】では、対面場面におけるNNJLTの聴解過程を調べ、「モニター範囲」がどのように理解に影響しているかを明らかにすることを目的とする。具体的には、次の2点を研究課題とする。

(1) テキストをよく理解した聴き手とそうでない聴き手では、対面場面の聴解過程はどのように異なるか（テキスト理解はテキスト再生率を指標とする）。
(2) 「モニター範囲」とテキスト理解（テキスト再生率）の間には相関関係があるか。

3.1.2　調査対象者
NNJLT23名。日本語運用力は、日本語能力試験（以下、日能試）3級の得点率が65％〜95％、2級の得点率が30％〜60％。口頭運用力は、OPI中級下〜中級上。国籍は、インドネシア8名、ロシア5名、タイ2名、カンボジア、ベトナム、ネパール、スリランカ、マダガスカル、グルジア、ニュージーランド、コロンビア各1名。

3.1.3　調査方法
対面聴解調査を行い、次の3種のデータを採取した。Rost & Ross (1991) と同様、対面聴解で聴き手が発した質問や反応を記録したが、実際の言語生活における聴解場面により一層近づける目的から、(Rost & Rossの調査のように予め設定したポーズ箇所で質問や反応の機会を与えるのではなく) 質問や反応が随時可能な設定で調査を行った。また、聴解の直後に再生作文を書かせ、テキスト理解の指標とした。さらに、回想インタビューを行い、表出された質問や反応の意図および表出されずに水面下で進行していた思考をプロトコル・データとして採取した。

(a)　対面聴解における質問や反応：調査者が1対1で調査対象者に向かい、物語を話した。テキスト（本章末尾の〈資料1〉参照）は、900字程度で、日能試2級以上の語彙率10〜15％程度である。調査対象者には、日

常生活の中で話を聴くときと同じように途中で質問をして構わないこと、聴いた話の内容を後で母語で書いてもらうことを伝えてから話をした。調査対象者からの質問には、必要最小限の応答をした。この過程は録音および録画を行った。調査時間は 5 分程度。
(b) 聴解直後の再生作文（母語）：物語を聴き終わってすぐに、「覚えていることを母語で書いてください」という指示により再生作文を書いてもらった。時間制限は設けなかったが、実際に要した時間は 10 〜 20 分程度。
(c) 回想インタビュー（母語）：再生作文終了後、(a) の録音を聴き返しながら母語で回想インタビューを行った。この際、英語以外の母語については通訳を介した。「あなたは話を聴いているとき何を考えていましたか。聴きながら疑問に思ったこと、イメージしたことなど何でもいいですから、考えていたことを話してください。特にあなたが質問をした部分では、質問の意図や目的について、また、その意図や目的が達成されたかどうか話してください。」という指示を最初に伝えた。回想は自由に話してもらったが、必要に応じて推測や予想の根拠などについて「なぜそう思ったのですか。」という質問を行った。この過程も録音および録画を行った。所要時間は 20 〜 40 分程度。

3.1.4　分析の方法

まず、「(a) 対面聴解における質問や反応」を文字化し、「(b) 聴解直後の再生作文（母語）」を和訳し、「(c) 回想インタビュー」を文字化した。また、物語テキストを 1 主語・1 述語のアイディア・ユニット（以下、IU）に分けた。続いて、(a)(b)(c) のすべてを参照しながら IU 毎の理解構築過程を図 3–1 に示す「対面聴解における理解構築の流れ図」に沿って分析した。図 3–1 は、聴取した音声から理解を構築していく過程に働く思考の流れを示すモデルとして筆者が作成したものである。（モデル図では、聴取された音声が記憶に到達する過程で辿る可能性のあるルートをすべて線で表したが、各 IU については、通常このうちいずれか一つのルートを通って記憶に到達する。）このモデル図では、3.1.1.2 で述べた「モニター」過程、すなわち「①

問題(理解の欠落)の認知」「②問題解決の手がかりの特定」「③確認・検証・修正のための方策の選択」という思考の流れに注目し、特に「②問題解決の手がかり」をテキストのどの範囲を参照することによって得ているかによって「モニター範囲」を特定した。以下に、モデル図を参照しながら、具体的な分析の方法を述べる。

　まず、理解過程において「①問題(理解の欠落)」がどのように認知されたかを分析した。問題があると認知された場合は、その対象が「単語」「文」「段落」「テキスト」のいずれのレベルにあるかを判定した。また、問題がないと認知されながらも回想プロトコルで何らかの思考が述べられた場合は、「問題なし」と分類した。以上は、図3-1では「(A)問題の対象」に該当する部分である。

　問題がある場合については、「②問題解決の手がかり」がどこに求められたかを回想プロトコルから特定した。「手がかり」は、テキスト外の既有知識に求められるものとテキスト内の文脈等に求められるものがあるが、多くの場合その双方が同時並行的に用いられる。テキスト外既有知識の活用に関しては積極的な評価(Goh 2002 等)がある一方で、理解の不足を既有知識のみに依拠して解決すると誤解に結びつく危険を指摘する報告(Lund 1991; Tsui & Fullilove 1998; Wu 1991)があり、既有知識に基づく推測はその根拠をテキストに求めて理解を進める必要が指摘されている(Wu 1991)。そこで、本研究ではテキスト内に求められた「手がかり」に注目し、「手がかり」として参照されているテキスト範囲を「(B)モニター範囲」として、「単語」「文」「段落」「テキスト」のいずれかのレベルに判定した。「段落」は「文」以上「段落」以下の範囲のモニター、「テキスト」は「段落」以上の範囲に渡るモニターである。

　以下に各レベルのモニターの例を示す。以下の例では、【　】は聴解時の調査対象者の発話、〈　〉は回想、何もマークされていない部分は調査者が物語を話している部分である。プロトコルの該当部分には下線を引き、（　）内にレベル判定の根拠を説明した。また、最後尾の〔　〕内のA～Wは23人の調査対象者を識別する目的で附したものである。

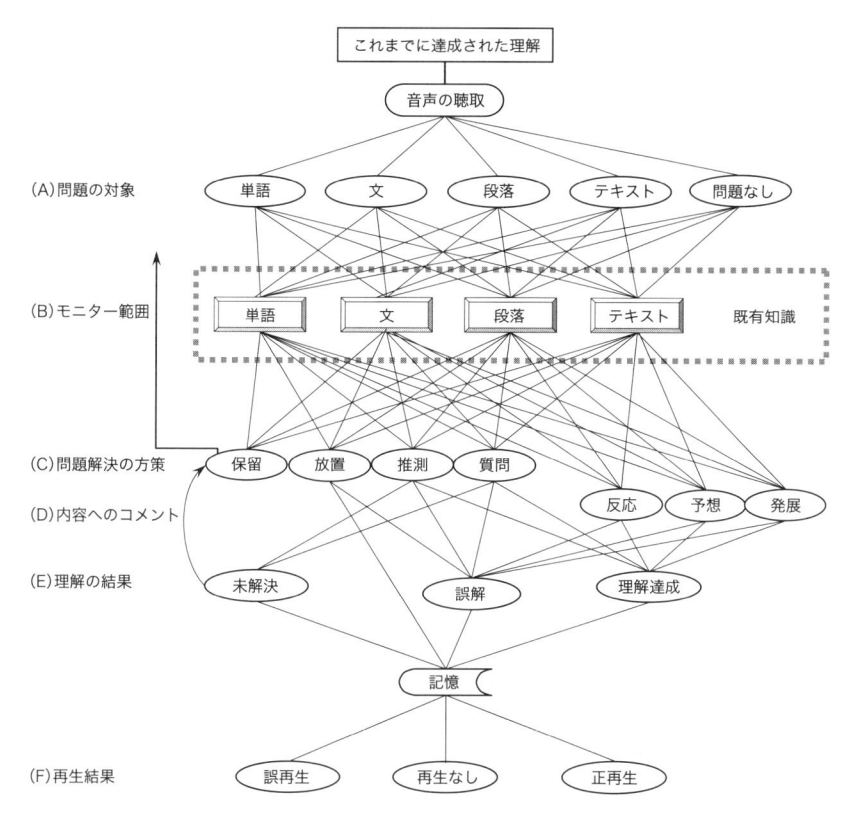

第 3 章　対面場面における聴解過程の分析　73

(A) 問題の対象
(B) モニター範囲
(C) 問題解決の方策
(D) 内容へのコメント
(E) 理解の結果
(F) 再生結果

図 3-1　対面場面における理解構築の流れ図

例 1：小出さんの家の近くに小鳥屋があったんだそうです。【ことりや、何ですか】鳥、わかりますか。鳥を売っている店。【はい、わかりました。】〈「ことりや」は新しい言葉だった。「こ」は「小さい」の意味、「とりや」は「本屋」などのように店のことだと思った。〉(「単語」レベルのモニター：「ことりや」の意味を確認する際に参照されたテキスト範囲は「単語」レベルを超えていない。)〔R〕

例 2：そのうちに、ある日、小出さんは友達の家のパーティーによばれたのね。【huum】それで、オウムにワイシャツとネクタイに黒い服を着せて、【uh-huh】パーティーに連れて行くことにしたの。【すみません、

オ、オームは、um、どれですか。】どれ？【オウム】オウム？　オウムは、鳥の種類です。〈オウムは鳥だと思っていたけど、洋服を着たという話を聞いて、鳥ではないのかもしれないと疑問に思って、質問した。鳥の種類だと聞いて、オウムかもしれないと思ったが、鳥が服を着るのはおかしいから、服を着たのは小出さんなんだと思った。〉(「文」レベルのモニター：「鳥が服を着た」ことに問題を感じたが、「服を着たのは小出さんだ」という推測による問題解決の手がかりは既有知識に拠っており、参照したテキスト範囲は「文」レベルを超えていない。)〔D〕

例3： 小出さんの家の近くに小鳥屋があったんですって。で、ある日、その小鳥屋に、オウムが一羽来たんですって。で、そのオウムは、とてもきれいな声で歌を歌うんだそうです。それだけではなくて、あの、イタリア語で歌うこともできるんです。それで、小出さんは、このオウムがとても欲しくなってしまって、ついにこのオウムを手に入れました。小出さんのうちに来たオウムは、毎日、とってもきれいな声で歌を歌うので、小出さんはとても満足でした。【うーん、「オウム」はわかりません。】あ、「オウム」は、鳥の名前です。【あ、そうですか。】〈「オウム」はたぶん鳥の種類の名前だと思って聴いていたが、聴いているうちに九官鳥かオウムではないかと思うようになったので、確認した。〉(「段落」レベルのモニター：「オウム」が九官鳥かオウムではないかと考えるに至る際に参照したテキスト範囲は、「文」レベルを超え、「段落」レベルに及んでいる。)〔W〕

例4： そのうちに、ある日、小出さんは友達の家のパーティーによばれたのね。それで、オウムにワイシャツとネクタイに黒い服を着せて、パーティーに連れて行くことにしたの。【鳥がワイシャツと？】ええ。【あ、そう。】〈ここで、もしかしたら(「オウム」という言葉について)誤解してたかもしれないと思ったので、確認した。鳥がワイシャツとネクタイをするのは変だから、やっぱり人だったのかもしれないと思ったからだ。でも、笑い話の一部かもしれないと思った。鳥がイタリア語で歌うのも作り話なんだから、服を着るのもそうかもしれない

と。〉(「テキスト」レベルのモニター:「鳥が服を着た」ことに問題を感じたが、その疑問を払拭する手がかりとして前段落を参照しており、「モニター範囲」は「段落」レベルを超えて「テキスト」レベルに及んでいる。)〔L〕

　次に、「③問題を確認・検証・修正」するために用いられた方策について、「質問」「推測」「放置」「保留」に分類した。これは、図3–1では「(C)問題解決の方策」に該当する。
　さらに、問題解決の方策を経た結果について、「理解達成」を得たのか、問題が「未解決」であるのか、あるいは「誤解」したまま記憶されたのか、3種のいずれかに分類した。図3–1では「(E)理解の結果」に該当する。問題が「未解決」の場合は、そのまま記憶されることもあれば、一旦「保留」された後に新たな問題の解決につなげられることもある。
　一方、理解に問題がないと認知された場合にも質問や反応が表出されたが、これらも「質問」および「反応」(同意、疑問、興味、驚き等を表現した発話)として分類した。同時に、回想プロトコルから得られた思考を「予想」(それまでの理解に基づいてテキストの先を予想するもの)あるいは「発展」(テキストの理解を既有知識や文脈情報と照合して思考を発展させたもの)に分類した。「反応」「予想」「発展」は、図3–1では「(D)内容へのコメント」として示した。また、「質問」「反応」の意図、「予想」「発展」の根拠として述べられたことの中でテキスト部分が参照された場合には、(上述の問題解決の手がかりの分析と同様)「モニター範囲」を「単語」から「テキスト」のいずれかのレベルに判定した。
　図3–1の最下段に示した「(F)再生結果」は、再生作文をIUのリストと照合して「正再生」「誤再生」「再生なし」のいずれかに分類したものである。IU総数に「正再生」の占める割合が再生率である。
　以上の分析過程を示す例と再生判定のガイドラインを本章末尾の〈資料2〉に示した。なお、「(A)問題の対象」「(B)モニター範囲」「(C)問題解決の方策」については、23人のデータのうち7人分(約30%)につき、同一研究者が3ヶ月以上の間をおいて再判定を行い、評定者内一致率は82%であっ

た。また、「(F)再生結果」については、6人分のデータ（約26%）につき、3人の研究者が判定を行い、評定者間一致率は91%であった。

3.2 結果

採取したデータを表3-1〜表3-4にまとめた。表3-1は「モニター範囲」のレベル別件数、表3-2は「問題解決の方策」の件数、表3-3は「内容へのコメント」の件数、表3-4はテキストの「再生結果」である。表3-1〜表3-3については、各件数の右にIU総数に占める件数の割合を%で表示してあるが、これは、4章で指導後の調査結果との比較の際に（指導前と指導後では調査に使用した聴解テキストが異なることから）用いるためである。以下では、まず、「理解構築の流れ図」を用いてテキストをよく理解した聴き手の聴解過程について観察し、次に「モニター範囲」とテキスト理解（再生率）との関連を数量的に分析する。

3.2.1 効果的な聴解過程の特徴

採取したデータを3.1.4で述べた方法で分析した結果、図3-1と同様のパターンで23人分の「理解構築の流れ図」が作成された。本節では、再生率の高かった聴き手とそうでない聴き手とを対照することにより、効果的な聴解過程の特徴を観察する。

　図3-2は再生率が23%、誤再生率が18%と理解が最も低い群の一人であるHの理解構築過程、図3-3は再生率が58%、誤再生率が0%と理解が最も高い群に属するLの理解構築過程である。（同じ経路を辿るプロトコル例が複数ある場合は、線を0.25ポイントずつ太くし、線の脇に事例数を併記した。また、図式化した聴解過程は、聴解時の質問や反応および聴解後の回想から想定できる過程を示したもので、聴解時から回想時の間に聴き手の記憶が多少喪失していること、インタビューによる思考表出には限界があること等から、すべてのIUについて思考が採取できたわけではない。そこで、回想で触れられなかったIUの理解過程は「不明」として示した。）HとLの日能試3級得点は85%〜95%、2級得点は46%〜48%で、総合的な日本

第 3 章　対面場面における聴解過程の分析　77

表 3-1　「モニター範囲」のレベル別件数
　　　　（右欄は IU 総数に占める割合）

	単語		文		段落		テキスト	
A	2	5.0%	0	0.0%	1	2.5%	0	0.0%
B	2	5.0%	1	2.5%	2	5.0%	0	0.0%
C	1	2.5%	0	0.0%	5	12.5%	2	5.0%
D	2	5.0%	2	5.0%	1	2.5%	1	2.5%
E	2	5.0%	3	7.5%	4	10.0%	1	2.5%
F	5	12.5%	2	5.0%	2	5.0%	1	2.5%
G	5	12.5%	1	2.5%	5	12.5%	1	2.5%
H	1	2.5%	7	17.5%	0	0.0%	0	0.0%
I	2	5.0%	3	7.5%	4	10.0%	2	5.0%
J	2	5.0%	0	0.0%	4	10.0%	1	2.5%
K	2	5.0%	2	5.0%	2	5.0%	1	2.5%
L	1	2.5%	1	2.5%	1	2.5%	11	27.5%
M	0	0.0%	3	7.5%	1	2.5%	3	7.5%
N	1	2.5%	0	0.0%	1	2.5%	1	2.5%
O	1	2.5%	3	7.5%	5	12.5%	0	0.0%
P	3	7.5%	3	7.5%	1	2.5%	1	2.5%
Q	3	7.5%	3	7.5%	0	0.0%	0	0.0%
R	2	5.0%	0	0.0%	2	5.0%	0	0.0%
S	2	5.0%	1	2.5%	5	12.5%	1	2.5%
T	20	50.0%	3	7.5%	0	0.0%	0	0.0%
U	2	5.0%	0	0.0%	4	10.0%	1	2.5%
V	2	5.0%	6	15.0%	1	2.5%	1	2.5%
W	0	0.0%	8	20.0%	3	7.5%	0	0.0%
平均値	2.7	6.8%	2.3	5.7%	2.3	5.9%	1.3	3.3%
標準偏差	4.0	9.9%	2.2	5.6%	1.8	4.4%	2.2	5.6%

表 3-2　「問題解決の方策」の件数
　　　　（右欄は IU 総数に占める割合）

	質問		推測		放置	
A	3	7.5%	2	5.0%	0	0.0%
B	1	2.5%	1	2.5%	2	5.0%
C	3	7.5%	3	7.5%	1	2.5%
D	4	10.0%	1	2.5%	0	0.0%
E	3	7.5%	7	17.5%	1	2.5%
F	5	12.5%	2	5.0%	1	2.5%
G	6	15.0%	2	5.0%	1	2.5%
H	1	2.5%	5	12.5%	2	5.0%
I	3	7.5%	8	20.0%	0	0.0%
J	3	7.5%	2	5.0%	0	0.0%
K	1	2.5%	2	5.0%	2	5.0%
L	6	15.0%	0	0.0%	1	2.5%
M	0	0.0%	1	2.5%	0	0.0%
N	1	2.5%	1	2.5%	0	0.0%
O	1	2.5%	4	10.0%	0	0.0%
P	3	7.5%	2	5.0%	0	0.0%
Q	2	5.0%	2	5.0%	4	10.0%
R	2	5.0%	1	2.5%	0	0.0%
S	2	5.0%	5	12.5%	1	2.5%
T	1	2.5%	5	12.5%	17	42.5%
U	2	5.0%	1	2.5%	3	7.5%
V	3	7.5%	3	7.5%	7	17.5%
W	5	12.5%	4	10.0%	0	0.0%
平均値	2.7	6.6%	2.8	7.1%	1.9	4.7%
標準偏差	1.7	4.2%	2.1	5.1%	3.7	9%

表 3-3　「内容へのコメント」の件数
　　　　（右欄は IU 総数に占める割合）

	発展		予想		反応	
A	0	0.0%	0	0.0%	0	0.0%
B	1	2.5%	0	0.0%	0	0.0%
C	1	2.5%	0	0.0%	2	5.0%
D	1	2.5%	0	0.0%	0	0.0%
E	1	2.5%	0	0.0%	1	2.5%
F	1	2.5%	0	0.0%	0	0.0%
G	1	2.5%	0	0.0%	3	7.5%
H	0	0.0%	0	0.0%	0	0.0%
I	1	2.5%	0	0.0%	0	0.0%
J	1	2.5%	1	2.5%	1	2.5%
K	0	0.0%	0	0.0%	1	2.5%
L	2	5.0%	3	7.5%	5	12.5%
M	3	7.5%	2	5.0%	1	2.5%
N	1	2.5%	0	0.0%	0	0.0%
O	4	10.0%	0	0.0%	1	2.5%
P	3	7.5%	2	5.0%	0	0.0%
Q	0	0.0%	0	0.0%	0	0.0%
R	0	0.0%	1	2.5%	0	0.0%
S	0	0.0%	1	2.5%	0	0.0%
T	0	0.0%	0	0.0%	0	0.0%
U	1	2.5%	0	0.0%	0	0.0%
V	0	0.0%	0	0.0%	0	0.0%
W	5	12.5%	1	2.5%	4	10.0%
平均値	1.2	2.9%	0.5	1.2%	0.8	2.1%
標準偏差	1.4	3.4%	0.8	2.1%	1.4	3.5%

表 3-4　テキストの「再生結果」

	正再生	再生なし	誤再生
A	43%	45%	13%
B	45%	55%	0%
C	30%	60%	10%
D	70%	20%	10%
E	68%	30%	3%
F	78%	15%	8%
G	80%	20%	0%
H	23%	60%	18%
I	73%	18%	10%
J	68%	30%	3%
K	58%	33%	10%
L	58%	43%	0%
M	60%	35%	5%
N	48%	48%	5%
O	63%	30%	8%
P	53%	30%	18%
Q	28%	70%	3%
R	30%	68%	3%
S	65%	30%	5%
T	8%	85%	8%
U	48%	53%	0%
V	10%	68%	23%
W	35%	58%	8%
平均値	49%	43%	7%
標準偏差	21%	19%	6%

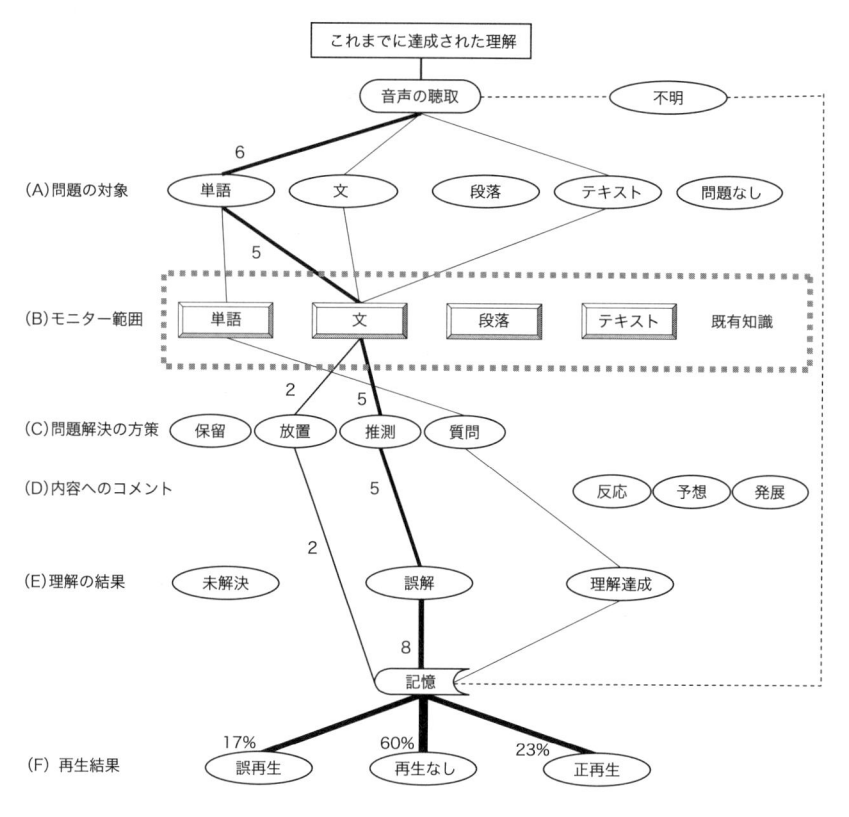

図 3-2　再生率が低い聴き手の聴解過程（H のデータ）

語力に大きな差はないが、図 3-2 と図 3-3 を比べると、その聴解過程は大きく異なる。

　H の聴解過程（図 3-2）では、①「モニター範囲」が「単語」「文」というレベルに偏っており、「段落」「テキスト」レベルのモニターが全く見られない、②「質問」が 1 回しかなく、問題を「放置」したり「推測」したりした結果「誤解」に結びついている例が多いことが特徴的である。その結果、次の例 5 に破線で示したように、キーワードである「オウム」の意味を質問で確認しなかったために、「オウム」が場所の名前なのか、人間なのか、ロボットなのか、迷い続け、肝心の物語の粗筋を逸している。また、例 5 に実線で示したように、H は「この部分の意味は大丈夫だった」と回想の中で繰り

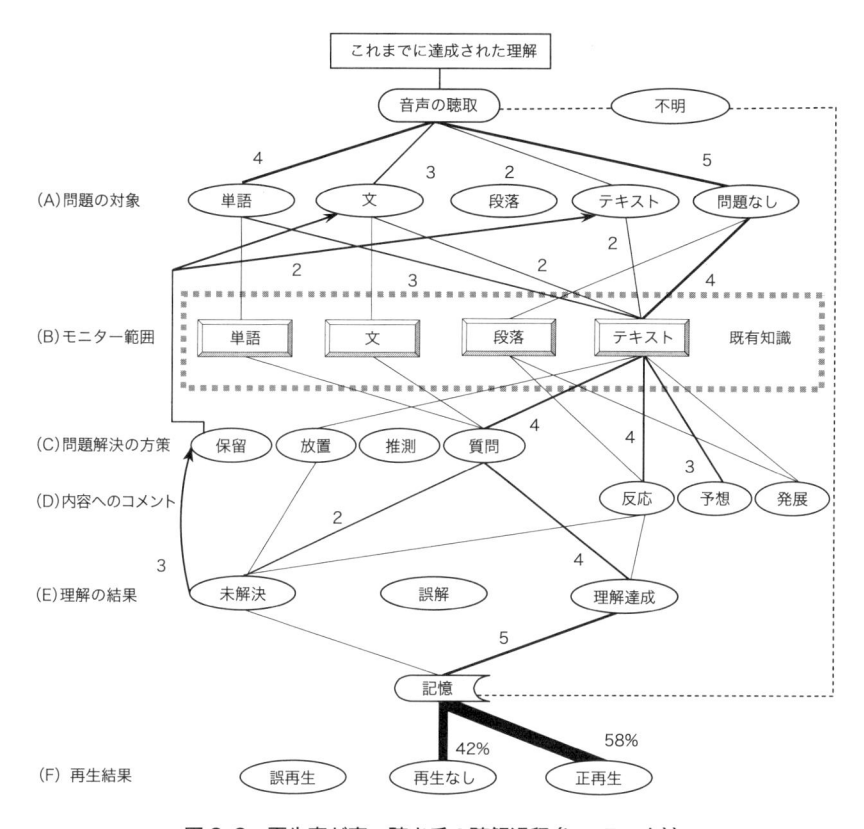

図 3-3 再生率が高い聴き手の聴解過程（L のデータ））

返し言っているが、「大丈夫」と言っているのは、局所的な数文のことで、テキスト全体の意味について一貫性を持った「モニター」を行っていない。

例 5：小出さんの家の近くに小鳥屋があったんですって。それで、その小鳥屋に、ある日オウムが一羽来たんですって。で、そのオウムは、とってもきれいな声で歌を歌うんだけど、イタリア語で歌うこともできるんです。小出さんは、どうしてもこのオウムが欲しくなってしまって、ついにこのオウムを手に入れたの。〈オウムの意味がよくわからず、オウムは場所なのか人間の名前なのか迷っていた。イタリア語で歌を歌えるので、人間かもしれないと思った。〉小出さんのうちに来

たオウムは、毎日、きれいな声で歌うので、小出さんは大満足でした。【うん、うん】〈まだオウムの意味がわからなかった。場所の名前じゃないかと思っていた。〉…中略…ある日、小出さんは友達の家のパーティーによばれたんです。それで、オウムにワイシャツとネクタイに黒い服を着せて、パーティーに連れて行くことにしました。〈この辺ではオウムはたぶん場所じゃなくて、人間じゃないかと思うようになった。ワイシャツとネクタイを着てるというのでそう思った。でも、ワイシャツとネクタイを着てるのは先生の友達かオウムかわからなかった。〉…中略…でも、オウムが歌わないので、小出さんは結局このゲームに負けて、20万円も払うことになってしまったんです。〈この部分の意味は大丈夫。オウムは何かまだはっきりしない。ここでは人間じゃないと思った。モノとかロボットかもしれないと思った。〉…するとオウムが言いました。「ちょっと待ってください。もう一度パーティーに行きましょう。次のパーティーでは、みんな一人10万円払うと思いますよ。」【うん、うん】〈ここの意味は大丈夫。オウムは人間だと思った。〉〔H〕

Hは、「オウム」の意味が不明なまま、テキストに「オウム」が出てくる度に「文」レベルなどの局所的な「モニター」により誤った推測をしており、局所理解の累積を全体理解につなげる「広範囲モニター」を働かせることができなかった。

　一方、Lの理解構築過程(図3-3)では、まず、問題が「単語」や「文」にある場合も「テキスト」レベルのモニターを働かせていることが特徴的である。次の例6では「オウム」がテキスト全体を理解するためのキーワードだと判断して質問したのに対し、例7では「まんぞく」が理解できないが、キーワードではないと判断して質問を見送るなど、Lは終始テキスト全体の理解をモニターしながら聴いている。

例6：それで、その小鳥屋に、ある日オウムが一羽来たんですって。で、そのオウムは、【ごめんなさい、オウムは何でしょうか。】オウムは、鳥

の種類です。【ああ、そうそうそう。】〈「オウム」はキーワードだと思ったけど、人間なのか何なのかよくわからなかった。いつもだったらもう少し待って、後で意味がわかるのを待つことがあるが、キーワードがわからないために他の部分を理解しそこねないように質問しておいた方がいいと思った。この時点で「オウム」が（人間の口まねをする鳥としての）オウムだとはわからなかったが、鳥の種類だとわかったので、安心して次の部分に集中できた。その後の部分を聞いて、歌を歌う鳥だとわかった。〉〔L〕

例7：で、小出さんは、どうしてもこのオウムが欲しくなってしまって、ついにこのオウムを手に入れたの。小出さんのうちに来たオウムは、毎日、きれいな声で歌うので、小出さんは大満足でした。〈「まんぞく」がよくわからなかった。でも、キーワードじゃないと思ったので、先を聞けばわかるかもしれないと考えた。いまでも「まんぞく」はわからないけど、全体を理解するのに問題はなかった。〉〔L〕

　前出の例4もLの事例である。「オウム」が鳥であることは例6の質問ですでに理解していたが、「オウムにワイシャツとネクタイに黒い服を着せて」という部分を聴いて、鳥が服を着るという既有知識からは想定しにくいイメージに疑問を持ち、【鳥がワイシャツと？】と再度確認の質問をした。確認の際の思考について、〈（鳥が服を着ることは）笑い話の一部かもしれないと思った。鳥がイタリア語で歌うのも作り話なんだから、服を着るのもそうかもしれない〉と思ったと回想しており、ここでも「テキスト」レベルのモニターを用いて、当初の疑問を払拭している。
　Lは、「テキスト」レベルのモニターを盛んに働かせながら、「質問」や「反応」を活発に行うとともに、「予想」「発展」といった水面下の思考についても豊かな回想を提供した。例4ですでにこの話が「笑い話」であることを予見しているが、次の例8では、最後に落ちが来ることを予想している。

例8：そうすると、友達は、おもしろがって1万円を出しました。【うん】それを見ていた他の人たちもみんな1万円出して、20万円も集まっ

たんですって。【うん】小出さんは、「よし、これで、20万円はこっちのものだ」と思って、得意になってオウムに歌わせようとしました。【うん】〈鳥は歌うんだろうかと考えていた。たぶん歌わないだろうと思っていた。大金がかかっているので、ここで歌ったらつまらない話になるから。何か落ちがあるだろうと思った。〉〔L〕

また、次の例9に見るように、1回の「質問」によってすぐに問題が解決しなくても、ねばり強く「質問」を繰り返し、最後には理解を達成している。

例9：すると、これを聞いたオウムがこう言ったそうです。「ちょっと待ってくださいよ。もう一度パーティーに行きましょう。次のパーティーでは、みんな一人10万円払うと思いますよ。」【みんなが10万円払う？どうしてでしょう？】〈この時点では、みんなで10万円か一人で10万円かわからなかったので、確認したかった。〉どうしてでしょう？【またパーティーに行ったら、10万円、いくら？前は20万円払わなければならなかったんですね。ちがう？】オウムが言ったのは、「次のパーティーでは、一人10万円払うと思いますよ。」【あ、一人10万円。あーあ。】一人10万円で20人いたら？【すごいいっぱいですね。でも、どうしてでしょう？】どうして【あーあ、わかった。たぶんわかったと思う。】〈前のパーティーでいくら払ったんだったか、そして、どうして今度は一人10万円なのか、考えるのに時間がかかった。でも、「あーあ、わかった」と言ったときには、賢い鳥だということがわかった。落ちがわかって、ほっとした。〉〔L〕

以上の観察から、研究課題(1)「テキストをよく理解した聴き手とそうでない聴き手では、対面場面の聴解過程はどのように異なるか」に対する結果をまとめる。テキスト理解の低かった聴き手は、「単語」「文」レベルの「モニター」に終始しているのに対し、テキストをよく理解した聴き手は、「広範囲モニター」を高頻度で用い、局所理解を常に全体理解と照合しながらテキスト理解を構築している様子が観察され、テキスト理解の高低を分ける要因

として、「モニター範囲」が手がかりとなる可能性が示唆された。

3.2.2 「モニター範囲」とテキスト理解との関係

前節のHとLの理解過程の比較において、テキスト理解と「広範囲モニター」の関連が示唆された。本節では、「モニター範囲」とテキスト理解との関連を数量的に分析する。

表3–5は、テキスト理解の指標と考えられる再生作文の正再生率と「モニター範囲」のレベル別件数との相関係数である。「段落」レベルの件数および「段落」レベルと「テキスト」レベルを合計した件数については、再生率との間に有意な正の相関がある。一方、「単語」レベルと「文」レベルを合計した件数は、再生率との間に有意な負の相関がある。

表3–5 正再生率と「モニター範囲」レベル別件数との相関係数

単語	文	単語+文	段落	テキスト	段落+テキスト
−0.31	−0.35	−0.44*	0.50*	0.24	0.51*

$^{*}p < .05$

また、再生率が53%以上の高再生群（N = 12）と48%以下の低再生群（N = 11）の「モニター範囲」レベル別件数の平均値を表3–6にまとめた。両群の平均値についてt検定を行ったところ、「テキスト」レベルの件数（$t(12) = 1.904, p < .05$）および「段落」レベルと「テキスト」レベルを合計した件数（$t(21) = 2.814, p < .01$）に有意差があった。図3–4に示されるように、高再生群は「段落」「テキスト」レベルの「広範囲モニター」の使用件数が低再生群より多く、低再生群は「単語」「文」レベルの「モニター」が相対的に多くなっている。

表 3-6 「モニター範囲」レベル別件数の平均値：高再生群と低再生群の比較

	単語	文	単語+文	段落	テキスト	段落+テキスト
高再生群 (N=12)	2.3	2.0	4.3	2.9	2.1	5.0
低再生群 (N=11)	3.3	2.5	5.6	1.7	0.5	2.1
有意差判定	n.s.	n.s.	n.s.	n.s.	*高>低	**高>低

$^*p<.05$ $^{**}p<.01$

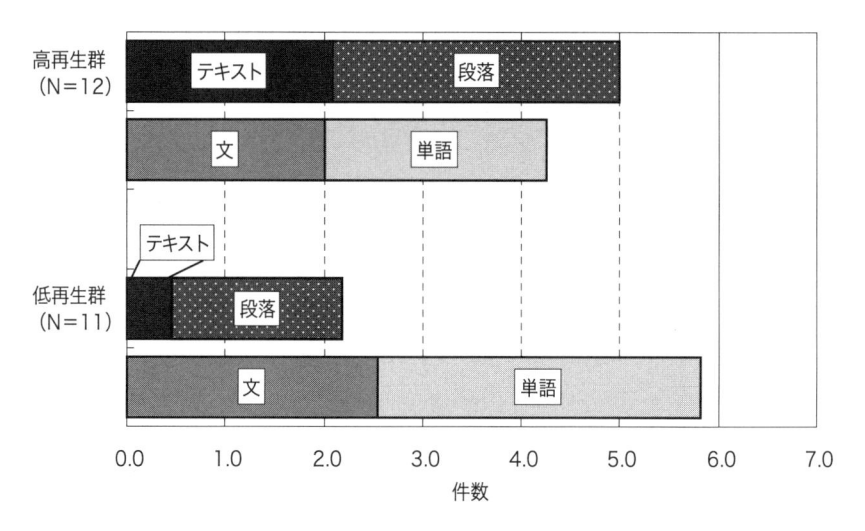

図 3-4 「モニター範囲」レベル別件数の平均値：高再生群と低再生群の比較

　以上の分析から、研究課題(2)「『モニター範囲』とテキスト理解（テキスト再生率）の間には相関関係があるか」に対する結果をまとめる。「モニター範囲」とテキスト再生率の間には有意な相関があり、「広範囲モニター」をよく用いる聴き手はテキストをよりよく理解したことが確認できた。

3.3　考察

データ分析の結果、「広範囲モニター」とテキスト理解との関連が確認された。しかし、「広範囲モニター」は単独に習得できるストラテジーではなく、他の多くのストラテジーに支えられて機能するものだと思われる。本節では、調査データの観察から、効果的な対面聴解において「広範囲モニター」を支える要素について考察する。また、【研究1】を受けた今後の指導の方向性について述べる。

3.3.1　「広範囲モニター」を支える要素

テキスト理解のよかった高再生群の聴解過程の特徴を調べるために、「問題解決の方策」「内容へのコメント」の各件数について低再生群と比較してまとめた（表3-7参照）。「放置」以外の項目については、すべて高再生群の方が頻度が高く、「質問」「予想」については有意傾向（$t(19) = 1.341, p < .10$; $t(14) = 1.731, p < .10$）で差が認められた。また、プロトコル・データを詳細に調べると、「質問」「予想」以外にも「推測」「発展」の効果的な使用例が「広範囲モニター」を支える様子が観察される。以下では、プロトコル・データの質的な観察から、効果的な対面聴解において「広範囲モニター」を支える要素として、①「質問」のストラテジー、②推論のストラテジー（「推測」「発展」「予想」）をとりあげて考察し、求められる聴解指導について検討する。

表 3-7　「問題解決の方策」および「内容へのコメント」の各件数の平均値：高再生群と低再生群の比較

	質問	推測	放置	発展	予想	反応
高再生群 (N = 12)	3.1	3.1	0.6	1.5	0.8	1.1
低再生群 (N = 11)	2.2	2.5	3.3	0.8	0.2	0.5
有意差判定	†高＞低	n.s.	†低＜高	n.s.	†高＞低	n.s.

† $p < .10$

3.3.1.1 「質問」のストラテジー

表 3–7 で見たように、正再生率の高い聴き手は低い聴き手より多くの「質問」を発した。また、プロトコルを調べると、「質問」の効果が対面聴解の巧拙を分ける大きな要因となっていることがわかる。効果的な聴解過程を示した L は、すでに見たように、自らの回想の中で「キーワードがわからないために他の部分を理解しそこねないように質問しておいた方がいい」という見解を示しており、テキストの大筋の理解にとって障害になるような問題は「質問」によって早期に解決することで、先行テキストの理解を後続テキストの理解の基盤としている。一方、キーワードについて質問しなかった H は、テキストの進行につれて理解上の問題を益々増大させた。H だけでなく、再生率が非常に低かった調査対象者は、次の例に見るように、聴解途上でさまざまな問題にぶつかりながら質問せずに済ませている。

例 10：で、その小出さんの家の近くに小鳥屋があったんですって。で、その小鳥屋に、ある日オウムが一羽来たんだそうです。【はい】〈「ことりや」はわからなかった。「近くに」という言葉が出てきたので、「ことりや」は場所の名前かもしれないと思った。「オウム」というのは、人の名前なのか何なのかわからなかった。わからない単語があっても、聴き続けたらわかるのではないかと思った。〉で、そのオウムは、とってもきれいな声で歌を歌うことができるんですって。それで、それだけじゃなくて、なんとイタリア語で歌うこともできるんですって。〈誰がイタリア語で歌うんだろうと思った。〉で、小出さんは、毎日そのオウムを見ていて、そのオウムがとても欲しくなってしまって、ついにこのオウムを手に入れました。〈「オウム」が何なのかまだわからない。「オウム」は人間じゃないかもしれないと思った。〉〔V〕

「ことりや」の意味、「オウム」の意味、「誰がイタリア語で歌うのか」など、いずれも即座に質問してしまえば、さほど複雑でない命題について、質問せずに問題を先延ばしにした結果、次の例に見るように、問題は累積的に大き

くなり、混乱に陥っている。

例11：小出さんは、「よし、これは、全部こっちのものだ」と思って、得意になってオウムに歌わせようとしました。ところが、なんと、オウムは歌わなかったんです。【ふーん、…】〈お金は集めたが、歌わなかったということは理解したが、歌わなかったのが誰なのかわからない。〉「おい、歌ってくれよ、イタリア語の歌を聞かせてくれ」と必死になって頼んだんですけれども、オウムが歌わなかったので、小出さんは結局この賭けに負けて、20万円も払わなきゃいけなくなったんだそうです。【ああ…オウムさん…パーティーがあります。（はい）そして、…オウム…小出さんは、イタリア…オウムさんは、小出さんを、ああ、イタリア語の歌を歌わせてくれますと言います。友達は、1万円ずつ、小出さんを、あげると言いました。】〈最初は歌わなかったのは小出さんだと思ったが、次の文を聞いて、心配になった。でも、何を聞けばいいのかわからなかった。どういうふうに質問したらいいのか、整理できず、何がわかって、何がわからないのか、自分で整理できていなかった。〉〔V〕

　単純な「質問」のタイミングを逸したために、累積した疑問は複雑化し、回想の中で言っているように、「何がわかって、何がわからないのか」自らの理解が把握できなくなってしまった。

　キーワードである「オウム」の意味がわからないままに最後までテキストを聴いた調査対象者は、HとVを含めて3人いたが、回想インタビューの最後に、質問しなかった理由について、「日本語がへたなので質問するのは恥ずかしい」「相手が話している途中で介入するのは難しいし、特に相手が年上や目上の場合、質問するのは失礼なのではないかと思う」と述べている。Rost & Ross (1991: 264–266) は、対面聴解で「質問」によって不理解や誤解を表明することについては、文化背景によって認識に差があるとした上で、「質問」が社会的に容認された行為であり、また、言語学習にとって望ましい行為だということを学習者自身がよく認識することが重要だとしてい

る。本研究の調査では、「質問」の社会的容認性に対する否定的な認識が理解の障害になっている事例が多く見られた。このようなNNJLTに対しては、「質問」は決して恥ずかしい行為ではなく、むしろ「質問」や「反応」によって理解の程度を話し手と共有することで理解の質を向上できること、また、そのことが言語習得を促進するということについて指導していく必要がある。

　一方、HやVの理解過程では、単に「質問」に対する抵抗感だけが問題になっているわけではない。HもVも「質問」をまったくしなかったのではなく、問題解決の方策として「質問」に踏み切る判断材料としての「モニター」が「文」などの狭い範囲にしか働かなかったために、「質問」のタイミングを逸したのである。HやV等、効果的でない聴き手は、前述のとおり、「ここは大丈夫」「ここは問題ない」という回想の頻度が高く、局所的な理解に問題がなかったことを聴き取りの成功だと捉える認識が見て取れる。ここには、局所的な理解の累積がテキスト理解であるという聴解観があり、こうした聴解観について変容を求めていく必要がある。

　Lund (1991) は、ドイツ語学習者60人の半数には聴解（非対面）、半数には読解をさせ、母語による再生作文をデータとして聴解と読解の過程を比較する調査を行った。その結果、聴解の再生には細部よりも主要概念の方が多いこと、聴解の再生には読解よりも誤りが多いこと等を報告し、聴き手は読み手よりもトップダウン処理に依拠する傾向が強く、不適切なスキーマの活用が理解を損なうことが多いと述べている。トップダウン処理によって構築された理解は、ボトムアップ処理によってテキスト内情報と照合し、確認される必要がある。読解では読み返すことによって実行できるこの手続きが非対面聴解では行われないために、誤ったトップダウン処理が修正されぬまま意味構築が進んでしまうものと考えられる。HやVのようなNNJLTに対しては、対面聴解では「質問」によって読解の読み返し機能を働かせることができるのだということを教室活動によって体得させることが有効であろう。また、読解における読み返しがしばしば段落を超えた先行テキストに及ぶように、聴解においても問題解決の手がかりが先行テキストの広い範囲に及ぶ例を体験によって確認していくことが必要である。

「質問」の指導に当たっては、相手の話に介入するタイミングを図ると同時に、「質問」の表現形式に関する指導も必要である。特に、直前発話の聞き返しだけでなく、テキストの広い部分を視野に入れた聞き返しでは、「ちょっと戻ってしまいますが、…」「さっき…とおっしゃいましたが、…」「○○という言葉が何度も出てきますが、…」など、テキストを遡った問題箇所を特定する表現形式の指導が必要であろう。コミュニケーション・ストラテジーとしての「聞き返し」研究（尾崎 1992, 1993; Miyazaki 1999 等）では、「反復要求」「聞き取り確認要求」など発話意図の分類が行われ、表現形式については「動詞型」「名詞型」など統語上の分類がされているが、テキストを遡って問い質す聞き返しについては触れられていない。聴解ストラテジーとしての「質問」には、先行テキストの問題箇所を特定する表現形式を導入すべきである。

　以上をまとめると、(a)「質問」に対する肯定的な認識の確立、(b)「質問」のタイミングを決める判断材料をテキスト全体の理解に求めること、(c)「質問」を切り出す発話技術および表現形式の 3 点を対面聴解の指導に導入すべきことが指摘できる。

3.3.1.2　推論のストラテジー

テキスト理解に問題があった場合、直接「質問」する以外に解決する方法としては、「推測」がある。本調査の中では、次の例 12 〜 13 のように、理解に問題のあった二重下線部分について、後続のテキスト理解を手がかりとして「推測」を成功させた例が観察された。

例 12：小出さんの家の近くに小鳥屋があったんです<u>って</u>。…中略…それで、その小鳥屋に、ある日オウムが一羽来たんです<u>って</u>。…中略…でも、実際にパーティーに行って、「このオウムはイタリア語で歌うんだよ」<u>って</u>言っても、友達は誰も信じなかったんです。〈「<u>って</u>」というのが聞き慣れない形式だと思ったが、「と」と入れ替えて使うのだろうと理解した。〉〔E〕

例 13：そこで、小出さんはこう言いました。「じゃあ、<u>賭け</u>をしようよ。も

し、このオウムが歌わなかったら、僕が1万円払う。でも、もし本当にイタリア語で歌ったら、君が1万円払うんだよ。」〈「かけ」がわからなかったが、後の話を聞いて、「賭け」の意味ではないかと考えた。〉そうしたら、友達は、おもしろがって1万円出しました。で、それを見ていた周りの人たちもみんなおもしろがって、「ぼくも」「私も」と言って、みんながお金を出して、結局、20万円も集まったんですって。〈ここを聞いて、「かけ」の意味がより一層確実になった。〉〔O〕

また、次の例14のように、正確な推測ではないが、次の段落から遡って、文脈の上では妥当な推測をしている例もある。

例14：で、パーティーに行く時に、オウムにワイシャツとネクタイと、それから黒い服を着せて、パーティーに連れて行くことにしたの。オウムがイタリア語の歌を歌うというところを見せて、友達を驚かしてやろうと思ったわけなんです。で、パーティーに行って、友達に「このオウムはイタリア語で歌うんだよ」って言っても、友達は誰も信じなかったんですって。〈「どろかしてやろう」と聞こえて理解できなかったが、続きを聞いていたらお金を賭ける話が出てきたので、(友達から)「お金をとる」という意味ではないかと思った。〉〔I〕

「推測」は、「質問」が不可能な非対面聴解において「質問」に代わる力を発揮しうるストラテジーとして重要である。しかし、「推測」についても、「質問」と同様、窮余の策として不本意で不名誉な行為であるという認識を持つ学習者が少なからずいる。そのような誤った認識を捨て、「推測」は限られた言語資源を最大限に活かす前向きな方策であることを認識させるためには、「推測」の効用を前面に押し出した学習活動が効果的であろう。

　また、「予想」「発展」も「推測」と同様、推論のストラテジーとして「広範囲モニター」を支える技能である。先の例8に加え、次の例15〜例17では、現在のテキスト理解を先行テキストの理解と統合し、「予想」や「発

展」を展開している様子が観察される。

例15：小出さんは、集まった20万を見て、「よし、これで、20万円はこっちのものだ」と思って、早速オウムに歌わせようとしました。ところが、なんと、オウムが歌わなかったんだそうです。【へえ】〈オウムはわざと意地悪をして歌わなかったのだろうと考えた。オウムは小出さんが自分を金儲けに利用しているのを知って意地悪をしたのだろうと思う。〉（発展）〔M〕

例16：で、小出さんは家に帰ってから、怒ってオウムに言いました。「お前のために20万円も負けたじゃないか！もうお前なんか殺してやる。殺して、サンドイッチにして、食べてやる！」〈パーティーでゲームをしようと言った時から、次はどうなるのかとずっと考えていたが、自分の予想とはちがう結果だった。パーティーで賭けが始まった時には、オウムはきっと歌うだろうと思っていたけど、歌わなかった。また、この後うちへ帰ってオウムに怒るという展開は期待していなかった。男はオウムを可愛がっていると思ったので、「殺して食べてやる」というようなことは期待していなかった。〉（予想）〔J〕

例17：そうすると、それを聞いたオウムがこう言ったそうです。「ちょっと待ってください。もう一度パーティーに行きましょうよ。こんどのパーティーでは、みんな一人10万円は払うと思いますよ。」という話【ふーん】です。【じゃあ、もう一度パーティーに行って、みんな一人10万円出しましたか。】〈もう一度パーティーに行っても、小出さんが強欲な人だとわかっているから、オウムは歌わないだろうと思った。〉（予想）〔M〕

「予想」ストラテジーの練習としては、既有知識が働きやすい物語テキスト等を題材に、予想に焦点を当てた学習活動が可能である。たとえば、テキストを少しずつ区切りながら聴き、ポーズ箇所で後続テキストの内容を予想する活動では、予想行為に伴って、先行テキストの理解確認、先行テキストにおける理解の不整合の発覚、後続テキストを聴く目的の焦点化等が促進され

る可能性があり、「モニター」の拡大につながると思われる。

　聴解過程に注目した聴解活動集（Mendelsohn 1994; Rost 1991 等）には、質問や推論のストラテジーを中心とした聴解練習が多く紹介されている。これらの学習活動例に示されるように、「何が聴きとれたか」よりも「どのように聴きとったか」を重視して聴解指導を進めていくことが「広範囲モニター」の習得に貢献するものと思われる。

3.3.2 【研究1】の成果と今後の課題

本研究では、対面聴解場面で表出された質問や反応を分析した Rost & Ross (1991) の方法論に加え、回想インタビューを行ったことで、明示的に表出される「質問」や「反応」だけでなく、水面下の思考を抽出し、「モニター範囲」を明らかにすることができた。また、本研究では、「モニター範囲」の特定に当たって、テキスト外の既有知識のみに依拠した理解処理を対象から外し、問題解決の手がかりとして参照されたテキスト範囲のみを判定材料とした。テキスト外知識のみに依拠した推論の危険性を警告する先行研究（Lund 1991; Tsui & Fullilove 1998; Wu 1991）の成果を導入し、推論に当たって参照されたテキスト内とテキスト外の情報を識別したことは、読解研究においてテキスト内外の知識のいずれが理解の構成要素として重要であるかが議論の焦点となっていること（Guéraud & O'Brien 2005）とも呼応しており、読解と聴解の共通項である理解過程を解明する研究の一過程として意義があったと思われる。

　聴解過程は言語運用力とも密接な関係を持っており、2章（2.1.4.1）で概観した先行研究では、言語運用力の発達とともにメタ認知ストラテジーの使用頻度が増すことが指摘されている。また、聴解力を向上させる指導に関しては、「運用力重視の立場」（proficiency position）とストラテジー指導を重視する「設定重視の立場」（context position）の二つの理論的立場のいずれを取るべきかが研究上の課題となってきた。すなわち、聴解力を上げるのにストラテジーの指導が有効なのか、それとも日本語運用力が向上すればストラテジーは付随的に上昇するのかということである。Rost & Ross (1991) は、上述の両理論の観点を統合した「認知社会的パラダイム」を提案し、効果的な

聴解過程の開発が運用力（認知面）を基盤とする一方で、学習者がストラテジー使用の容認性（社会面）を認識することで現時点での運用力を最大限に生かした聴解が可能になると述べている。言い換えれば、対面聴解で不理解を表明したり、質問したりすることが社会的に容認された行為であり、また、言語学習にとって望ましい行為だということを学習者自身がよく認識することが肝要だとする考え方である。

本研究の対面聴解調査でも、「質問」が量的にも質的にもテキスト理解と関連していることが明らかになった。「質問」は、自らの理解上の問題を解決するという意味で、理解の「結果」に働きかける効果があるが、「質問」を実行する以前に、そのタイミングを決める判断材料をテキスト全体の理解に求めることを通して理解の「過程」にも強く働きかける効果がある。指導の実際を考えると、10数人を一斉に指導する教室学習では、1対1の対面聴解における「質問」の実習は実現しにくいが、必ずしも「質問」を表出せずとも聴き手の自問自答を促進することを通して、理解過程に働きかける効果が得られるものと思われる。本研究では、Rost & Ross (1991)の「認知社会的パラダイム」の立場を採り、続く【研究2】で、「質問」や推論のストラテジーを中心とした指導を通して、「広範囲モニター」の指導可能性を検証する。

3.4 まとめ

【研究1】の結果として、テキスト理解の高い聴き手は「広範囲モニター」を働かせて自らの理解をテキストの広い範囲と照合していることがわかり、また、テキスト理解と「広範囲モニター」との関連は数量的にも検証された。一方、正再生率が低く、聴き取りがうまくいかなかった調査対象者では、「単語」「文」レベルの「モニター」による局所的な理解に留まり、局所理解を全体理解に繋げる「広範囲モニター」が働いていないことがわかった。そこで、「広範囲モニター」を促進させる聴解指導の方法を探るべく、データの質的な観察を行った結果、次の2点を聴解指導の具体的な指針として指摘した。

① 対面場面での「質問」に関する否定的な認識を払拭し、テキスト全体の理解を視野に入れた「質問」を練習する機会を提供するとともに、「質問」の表現形式についても指導する。

② 「推測」「予想」「発展」の推論ストラテジーに焦点を当てた教室活動を提供し、推論ストラテジーの実行に伴って促進される「広範囲モニター」の意義を意識化させる。

第4章では、こうした指導方法が実際に「広範囲モニター」の促進に貢献できるかを検証する【研究2】について報告する。

〈資料3-1〉【研究1】の対面聴解調査で使用したテキスト

　今日は友達から聞いたちょっとおもしろい話をします。その友達は、男の人なんだけど、小出さんっていう名前です。
　小出さんの家の近くに小鳥屋がありました。その小鳥屋に、ある日オウムが一羽来ました。そのオウムは、とってもきれいな声で歌を歌うんだけど、なんとイタリア語で歌うこともできるんです。小出さんは、どうしてもこのオウムが欲しくなってしまって、ついにこのオウムを手に入れたんです。小出さんのうちに来たオウムは、毎日、きれいな声で歌うので、小出さんは大満足でした。
　ある日、小出さんは友達の家のパーティーによばれました。それで、オウムにワイシャツとネクタイに黒い服を着せて、パーティーに連れて行くことにしました。オウムがイタリア語の歌を歌うのを聞かせて、友達を驚かしてやろうと思ったわけです。でも、パーティーで小出さんが「このオウムはイタリア語で歌うんだよ」って言っても、友達は誰も信じませんでした。
　そこで、小出さんはこう言いました。「じゃあ、賭けをしようよ。このオウムがイタリア語で歌わなかったら、僕が1万円払うよ。でも、もし歌ったら、君が1万円払うんだよ。」そうすると、友達は、おもしろがって1万円を出しました。それを見ていた他の人たちもみんな1万円出して、20万円も集まりました。
　小出さんは、「よし、これで、20万円はこっちのものだ」と思って、得意になってオウムに歌わせようとしました。でも、なんと、オウムは歌わなかったんです。「おい、歌ってくれよ、イタリア語の歌を聞かせてくれ」と必死になって頼んでも、オウムが歌わないので、小出さんは結局この賭けに負けて、20万円も払うことになってしまったんです。
　小出さんは家に帰ってから、怒ってオウムに言いました。「お前のために20万円も損したじゃないか！　もうお前なんか殺してやる。殺して、サンドイッチにして、食べてやる！」すると、これを聞いたオウムがこう言ったそうです。「ちょっと待ってください。もう一度パーティーに行きましょう。次のパーティーでは、みんな一人10万円払うと思いますよ。」という話です。

※小出慶一(1996)『日本語を楽しく読む本・初中級』(産能短期大学国際交流センター)所収の「賭け率」(植松黎 編訳(1994)『ポケット・ジョーク　神さま、仏さま』角川書店より)を実験用に一部改変した。

〈資料3-2〉 データ分析の例と再生判定のガイドライン

アイディア・ユニット（段落番号-ユニット番号）	問題の対象	モニター範囲	解決の方策	理解の結果	再生結果
1-① 今日はおもしろい話をする					あり
1-② その話は友達から聞いた					あり
1-③ その友達は男の人だ					あり
1-④ その友達の名前は小出さんだ	単語	単語	質問	理解達成	誤
2-① 小鳥屋があった					あり
2-② 小鳥屋は小出さんの家の近くだ					なし
2-③ その小鳥屋にオウムが一羽来た	単語	単語	質問	未解決	あり
	単語	段落	推測	理解達成	
2-④ そのオウムはきれいな声で歌う					あり
2-⑤ オウムはイタリア語で歌うことができる					あり
2-⑥ 小出さんはこのオウムがほしいと思った					あり
2-⑦ 小出さんはこのオウムを手に入れた					あり
2-⑧ オウムは小出さんの家に来た					あり
2-⑨ オウムは毎日きれいな声で歌った					なし
2-⑩ 小出さんは満足だった					なし
3-① 小出さんは友達のパーティーによばれた					あり
3-② オウムにシャツとネクタイと黒い服を着せた	文	文	推測	誤解	誤
3-③ オウムをパーティーに連れていった					あり
3-④ 小出さんは友達を驚かそうと思った	単語	テキスト	推測	誤解	誤
3-⑤ 「オウムがイタリア語で歌う」と言った					あり
3-⑥ でも、友達は信じなかった					あり
4-① そこで、小出さんは賭けを提案した	単語	段落	推測	理解達成	あり
4-② オウムがイタリア語で歌うことを賭けた					あり
4-③ 賭けの金額は1万円だ					あり
4-④ 友達は1万円を賭けた	単語	文	推測	誤解	あり
4-⑤ 他の人たちも1万円ずつ出した	単語	文	推測	誤解	あり
4-⑥ 全部で20万円が賭けられた					あり
5-① 小出さんは20万円が手にはいると思った	文	段落	推測	誤解	誤
5-② 小出さんはオウムに歌わせようとした					なし
5-③ でも、オウムは歌わなかった					なし
5-④ 小出さんは「イタリアで歌え」と頼んだ					なし
5-⑤ でも、オウムは歌わなかった					あり
5-⑥ 小出さんは賭けに負けた					あり
5-⑦ その結果20万円払った。	文	段落	質問	未解決	あり
			推測	理解達成	
6-① 小出さんはうちに帰った。					あり
6-② それから、オウムを怒った。					あり
6-③ 「殺してサンドイッチにして食べる」					なし
6-④ オウムは「ちょっと待って」と言った。					あり
6-⑤ 「もう一度パーティーに行きましょう」					あり
6-⑥ 「次はみんなお金を出すだろう」					あり
6-⑦ 「次は一人10万円ずつ払うだろう」	なし	テキスト	発展		あり

再生判定のガイドライン：
命題内容が理解されていると考えられれば、「再生あり」とする。たとえば、「その友達は男の人だ」という命題について、作文で「彼は…」と書かれていれば、明示的に「その友達は男の人だ」というようには書いてなくても、命題は再生されているとする。
不完全（あるいは部分的）な再生については、作文に命題の核となる情報が反映されていれば、「再生あり」とする。たとえば、「もう一度パーティーに行きましょう」という命題について、再生作文では「もう一度パーティーをしましょう」となっている場合、「行きましょう」と「しましょう」では、パーティーの開かれる場や開く主体が異なるが、その命題が出てくる文脈の中で大事なのは「もう一度パーティーを」という部分で、「誰が、どこでパーティーをするのか」は命題の核ではないことから、「再生あり」とする。
命題の提出順がテキストと前後していても、物語の筋書きに影響を与えないのであれば、順序の逆転は無視する。

第4章
過程重視の聴解指導の効果

本章で報告する【研究2】では、本研究の研究対象である非母語話者日本語教師（NNJLT）の再教育後の対面聴解過程を再教育前のデータと比較する。また、NNJLTの聴解力の伸長を標準テスト得点によって統制群と比較することにより、再教育における聴解指導の効果を検証する。

4.1 研究目的と研究方法

4.1.1 研究課題の設定
2章（2.1.5）ですでに見たように、聴解ストラテジーの指導については、これまでのところ効果の検証が進んでいない。筆者の知る限り唯一の長期縦断研究であるThompson & Rubin (1996) は、ロシア語（初級）学習者36名を対象にビデオ聴解に関する予測やモニターのストラテジー指導を1年間継続（20分×45回＝15時間）した。その結果、ビデオ聴解（記述による理解確認テスト）については統制群との間に有意差が認められたが、標準テスト（聴解部分）による検証では有意差なしという結果であった。テストに用いるテキストの難易度、タスクの難易度を含めて理解の測定方法に関する課題が指導効果の検証をより一層困難にしていることが考察された。

　Rost & Ross (1991) は、対面聴解における質問ストラテジーの発達過程として、次の①から③に向かう過程を想定した。

① 段落やテキスト全体の繰り返しを求めたり、不理解を表明したりする質問 (Global Questioning)
② 理解できなかった単語やテキストの特定部分の意味を求める質問 (Local Questioning)
③ テキストの内容理解に基づいた推論を表出する質問
 (Inferential Questioning)。

　Rost & Ross (1991) は、まず運用力によるストラテジー使用の違いを調べ、運用力上位群が③を多く使っていることを明らかにした上で、1回限りのビデオ視聴によるストラテジー提示という単発的指導の効果を調べた。その結果、②および③の質問方法を提示された2つの群が、それぞれ提示を受けたタイプの質問を有意に多く用いたことを報告している。こうした結果を受け、Rost & Ross (1991) は、効果的な聴解過程の開発が運用力（認知面）を基盤とする一方で、学習者がストラテジー使用の容認性（社会面）を認識することで現時点での運用力を最大限に生かした聴解が可能になるとする「認知社会的パラダイム」を提案している。すなわち、対面場面における「質問」には、文化背景による認識の差があるため、Rost & Ross (1991) の目標言語である英語においては「質問」が社会的に容認された行為であること、また、言語学習にとって望ましい行為だということを学習者自身によく認識させることが重要だとしている。本研究の【研究1】でも、「質問」の社会的容認性に対する否定的な認識が理解の障害になっている事例が見られ、対面場面の「質問」に関する指導の重要性を指摘した。

　ここで改めて【研究1】の結果を整理し、それを踏まえて【研究2】の研究課題を設定したい。【研究1】では、23名のNNJLTの対面聴解過程を横断的に調査した結果、「広範囲モニター」がテキスト理解と有意な相関があることが明らかになった。また、プロトコル・データの質的な観察から「広範囲モニター」を促進させる要素として、次の2点を指摘した。①対面場面での「質問」に関する肯定的な認識の確立と「質問」の運用に関する指導、②「推測」「予想」「発展」の推論ストラテジーに焦点を当てた教室活動の提供。「広範囲モニター」は、メタ認知ストラテジーであり、具体的、直接的

な指導が困難だが、①②のような認知ストラテジーは具体的、直接的な指導が可能であり、これらの指導を通して「広範囲モニター」を促進することができると考えられる。

【研究2】では、上記①②を含めて、「広範囲モニター」を促進させる過程重視の聴解指導を行い、「広範囲モニター」の指導可能性を検証する。具体的には、調査対象者の指導後の聴解過程の調査データを指導前と比較して、以下の課題への解答を求める。

（1） 過程重視の聴解指導により「広範囲モニター」の使用頻度は上がるか。
（2） 過程重視の聴解指導により「広範囲モニター」を支える「質問」や推論のストラテジーなどに見られる思考過程は変化するか。

また、指導の結果としての聴解力の伸長については、統制群を設け、次の課題を設定する。

（3） 過程重視の聴解指導は日本語能力試験（以下、日能試）によって測定される聴解力の向上に効果があるか。

なお、聴解力の伸長に関してのみ統制群を設けた理由は、以下のとおりである。本研究は、変数を厳密に統制した実験研究ではなく、実際の教育現場からデータを採り、その結果を同現場に還元することを目指している。その趣旨から、現時点で教育に効果があると考えられる指導法のみを実行して、相対的に効果が低いと予想される指導法を実験目的で実施することは避け、聴解過程調査については統制群を設けなかった。ただし、過程重視の聴解指導の効果を普遍的に示す目的から、以下の4.1.2で述べるように、同指導を始める以前に同コースに参加したNNJLTを統制群とし、同程度の時間数を費やした聴解指導がもたらした聴解力の伸長との比較を行う。過去のコースのNNJLTを含め、本再教育プログラムに参加する若手教師は、初来日の機会を得て日本語運用力を大きく伸ばす者が多いが、統制群との比較によって、そうした運用力の伸長が単に自然なインプットが豊富な滞日生活の影響のみ

に帰されるものではなく、指導の影響が及んだものであることを示すことができると考える。過程重視の聴解指導の意義については、実験群のみに関する指導前後の聴解過程調査の結果および5章で報告するインタビュー、意識調査、教師としての教案記述を通して分析・考察する。

4.1.2　調査対象者

【研究1】と同じNNJLT23名。国籍は、インドネシア8名、ロシア5名、タイ2名、カンボジア、ベトナム、ネパール、スリランカ、マダガスカル、グルジア、ニュージーランド、コロンビア各1名。

　研究課題(3)のために設けた統制群は、過去に同コースに参加したNNJLT25名で、ほぼ同じカリキュラムの中で聴解指導を受けたが、予めデザインされた市販教材による指導が中心で、特に過程重視の聴解指導は受けていない。国籍は、タイ6名、インドネシア5名、ベトナム4名、カンボジア、ミャンマー、ネパール、モンゴル、トルコ、ウクライナ、ウズベキスタン、カザフスタン、ロシア、コロンビア各1名。

　統制群の構成員が所属したクラスは3つ、実験群の構成員が所属したクラスは2つあるが、その各々が受講したコースの総授業時間数、聴解会話のための授業時間数、聴解会話のための時間が総時間数に占める割合を表4-1に示した。表4-1で「聴解会話のための授業時間数」としているのは、「聴解会話」「口頭表現」等の名称で会話と並んで聴解の技能の向上を目標に設置された科目の時間数に、「総合日本語」等の名称で4技能の総合的な向上を目標に設置された科目の時間数のうち聴解技能のために用いられた時間の概数を加えたものである。コースに含まれる主な授業科目は、(年度により名称は多少異なるが)「聴解会話」「総合日本語」のほかに、「読解」「文法」「教授法」である。

表 4-1　実験群と統制群が受けた授業時間数およびその中で聴解会話が占めた割合

	統制群①	統制群②	統制群③	実験群①	実験群②
総授業時間数	331	356	356	369	380
聴解会話のための授業時間数	48	51	78	53	49
聴解会話が総時間数に占める割合	15%	14%	22%	14%	13%

4.1.3　指導の概要

約6ヶ月の再教育期間中、(休暇期間等を除き)実質4ヶ月半に渡って、毎週1回1～2時間のペースで過程重視の聴解指導を行った。指導の重点は次の通りで、①～⑥に列挙した活動をテキストの種類に応じて組み合わせて行った。教室授業では個別の対面聴解は練習できないが、以下の活動は、対面、非対面を問わず、その活動を行うことを通して「広範囲モニター」の促進を企図した活動である。なお、具体的な聴解指導シラバスや教室活動例については、本章末尾の〈資料2〉を参照されたい。

① 目的を意識して聴く：テキストを聴く前に、既存スキーマの活性化や予想の活動を通して聴き取りの目的を意識化し、聴き取りの焦点を定めること。
② 先を予想しながら聴く：聴く前にタイトルやイラスト等から内容を予想する活動、テキストを区切りながら聴き、区切りの箇所で先の予想を表出させる活動等。
③ 聴いて理解できたことについて反応する：対面の聴き取りで相づちを打つ、同意・疑問・興味・驚き等を表現する活動、聴いた後に感想等を表出する活動等。
④ 理解できなかった部分を推測する：未習語を文脈から推測する活動、会話の一方の話し手の録音を消去したものを聴いて消去部分を推測する活動等。
⑤ 予想や推測の結果を確認する：予想と結果の合致や異なりを話し合う活動、推測の根拠や結果を話し合う活動等。
⑥ 理解できなかったことについて質問する：聴いて理解できなかったことや疑問に思ったことを表出する活動等。

4.1.4　調査方法

データの種類と採取時期を表 4–2 にまとめた。以下に、詳細を述べる。

表 4–2　データの種類と採取時期

	事前データ	事後データ
対面聴解調査	指導開始後 1ヶ月以内	指導終了後 2週間以内
日能試 3 級	指導開始直前	
日能試 2 級	指導開始直前	指導終了直後

4.1.4.1　対面聴解調査

再教育の後に【研究 1】と全く同じ要領で(a)対面聴解における質問や反応、(b)聴解直後の再生作文、(c)聴解場面の録音を聞き返しながらの回想インタビューの 3 種のデータを採取し、【研究 1】のデータと比較した。対面聴解調査の所用時間を表 4–3、使用テキストの概要を表 4–4 にまとめた。事前調査の使用テキストは第 3 章末尾の〈資料 1〉参照。事後調査の使用テキストは本章末尾の〈資料 1〉参照。

表 4–3　対面聴解調査の所用時間

	所要時間	
	事前調査	事後調査
(a) 対面聴解	約 5 分	約 7〜10 分
(b) 再生作文	約 10〜20 分	約 15〜30 分
(c) インタビュー	約 20〜40 分	約 30〜60 分

表 4–4　対面聴解調査の使用テキスト概要

	使用テキスト	
	事前調査	事後調査
テキスト	オウムの話	ネパールのビール
文字数	約 900 字	約 1400 字
日能試 2 級以上の語彙率	10〜15%	10〜15%

4.1.4.2　聴解力調査

事前、事後に日能試を実施した。事前は 3 級および 2 級、事後は 2 級のみ。いずれも日能試の過去問題によって構成し、問題数、配点、試験時間ともほぼ本試験にならって実施した。

4.1.5 分析の方法

対面聴解調査の分析方法は 3 章で述べた通りである。なお、事後聴解調査のプロトコル分析については、23 人のデータのうち 7 人分（約 30%）につき、同一研究者が 3 ヶ月以上の間をおいて再判定を行い、評定者内一致率は 94%であった。また、再生作文の再生率については、6 人分のデータ（約 26%）につき、3 人の研究者が判定を行い、評定者間一致率は 91%であった。聴解力調査については、日能試の得点を分析した。

4.2 結果

4.2.1 対面聴解調査の結果

事後の対面聴解調査データについて【研究 1】と同じ要領で整理し、その結果を【研究 1】の事前調査結果と合わせて表 4-5〜表 4-7 にまとめた。表 4-5 は「モニター範囲」のレベル別件数、表 4-6 は「問題解決の方策」の件数、表 4-7 は「内容へのコメント」の件数をそれぞれ IU 総数に占める割合で示した。（事前と事後ではテキストが異なり、IU 総数も異なることから件数ではなく割合で表示する。）図 4-1〜図 4-3 は、表 4-5〜表 4-7 をそれぞれグラフで示したものである。

4.2.1.1 「モニター範囲」の変化

まず、表 4-5 および図 4-1 を見ると、事前から事後にかけて、「テキスト」レベルのモニター（$t(22) = -4.66, p < .01$）および「段落」「テキスト」両レベルのモニターの合計（$t(22) = -2.96, p < .01$）が有意に増加した。「段落」レベルのモニターについては、事前より事後の方が減少した調査対象者が 10 名いるが、そのうち 7 名は「テキスト」レベルのモニターが相応に増加している。【研究 1】でテキストをよりよく理解した聴き手が多く用いていた「広範囲モニター」について、多くの NNJLT が使用できるようになったと解釈される。

4.2.1.2 「問題解決の方策」の変化

次に、表4–6および図4–2を見ると、事前から事後にかけて、「質問」の頻度が有意に増加した（$t(22) = -2.02, p < .05$）。一方、「推測」「放置」は減少し、事前調査では「質問」として表出せずに「推測」していた思考が「質問」へと顕在化したり、「放置」していた問題が「質問」によって解決されたと考えられる。さらに、「質問」の質に関する変化を観察してみると、次の3点が指摘できる。①事後調査では、自分なりの仮説を立ててから「質問」に臨む事例が多く見られるようになった。②事後調査では、「テキスト」レベルのモニターに基づいた「質問」が増えた。③事後調査では、「質問」の表現形式が豊かになり、質問技術が向上した。

始めに、①について詳述する。事後の「質問」では、わからない言葉の意味を自分で推測してから質問したり（例1）、自分が疑問に思うポイントに焦点を当てて質問する（例2）など、テキスト内容に基づいた仮説を検証する目的から発する「質問」が多く見られるようになった。

例1：それで、帰る途中でころんでビールを何本か割ってしまった、「ごめんなさい」と言って、泣きながら帰ってきたという話なんです。【こ ろんだ、体が倒れましたか】〔L〕

例2：「今日はもっとたくさん買ってくる」と言うので、【はい】ビール10本分のお金を渡して、また頼んだんです。【すみません、先生】はい。【あの、その子に、あの、払いますか。】あの、お金を渡して、買ってきてもらうことにしました。【はい。あの、そのビールを買って、もらって、その子に払いますか。】ああ、いや、払わなかったみたいですよ。【あ、そうなんですか。ただで、】その子が行って来てあげる、よくわかりませんけれども、いずれにしても、お金をあげるから行ってきてくださいと頼んだわけではないみたいです。【はい。はい、わかりました。】〔G〕

第 4 章　過程重視の聴解指導の効果　105

表 4-5　「モニター範囲」のレベル別件数が IU 総数に占める割合：事前と事後の比

	単語 事前	単語 事後	文 事前	文 事後	単語+文 事前	単語+文 事後	段落 事前	段落 事後	テキスト 事前	テキスト 事後	段落+テキスト 事前	段落+テキスト 事後	モニター計 事前	モニター計 事後
A	5.0%	3.2%	0.0%	0.0%	5.0%	3.2%	2.5%	6.3%	0.0%	3.2%	2.5%	9.5%	7.5%	12.7%
B	5.0%	8.1%	2.5%	3.2%	7.5%	11.3%	5.0%	0.0%	0.0%	0.0%	5.0%	0.0%	12.5%	11.3%
C	2.5%	1.6%	0.0%	6.5%	2.5%	8.1%	12.5%	3.2%	5.0%	0.0%	17.5%	3.2%	20.0%	11.3%
D	5.0%	19.0%	5.0%	9.5%	10.0%	28.6%	2.5%	4.8%	2.5%	0.0%	5.0%	4.8%	15.0%	33.3%
E	5.0%	0.0%	7.5%	0.0%	12.5%	0.0%	10.0%	4.9%	2.5%	4.9%	12.5%	9.8%	25.0%	9.8%
F	12.5%	13.3%	5.0%	1.7%	17.5%	15.0%	5.0%	3.3%	2.5%	6.7%	7.5%	10.0%	25.0%	25.0%
G	12.5%	0.0%	2.5%	0.0%	15.0%	0.0%	12.5%	3.2%	2.5%	12.7%	15.0%	15.9%	30.0%	15.9%
H	2.5%	3.3%	17.5%	0.0%	20.0%	3.3%	0.0%	4.9%	0.0%	14.8%	0.0%	19.7%	20.0%	23.0%
I	5.0%	1.6%	7.5%	1.6%	12.5%	3.3%	10.0%	3.3%	5.0%	8.2%	15.0%	11.5%	27.5%	14.8%
J	5.0%	1.6%	0.0%	0.0%	5.0%	1.6%	10.0%	17.5%	2.5%	7.9%	12.5%	25.4%	17.5%	27.0%
K	5.0%	1.6%	5.0%	1.6%	10.0%	3.2%	0.0%	9.5%	2.5%	3.2%	2.5%	12.7%	12.5%	15.9%
L	2.5%	3.2%	2.5%	3.2%	5.0%	6.3%	2.5%	11.1%	27.5%	33.3%	30.0%	44.4%	35.0%	50.8%
M	0.0%	4.8%	7.5%	3.2%	7.5%	8.1%	2.5%	9.7%	7.5%	22.6%	10.0%	32.3%	17.5%	40.3%
N	2.5%	3.2%	0.0%	0.0%	2.5%	3.2%	2.5%	11.3%	2.5%	3.2%	5.0%	14.5%	7.5%	17.7%
O	2.5%	1.6%	7.5%	4.8%	10.0%	6.5%	12.5%	8.1%	2.5%	8.1%	15.0%	16.1%	25.0%	22.6%
P	7.5%	0.0%	7.5%	0.0%	15.0%	0.0%	2.5%	6.5%	2.5%	14.5%	5.0%	21.0%	20.0%	21.0%
Q	7.5%	8.2%	7.5%	1.6%	15.0%	9.8%	0.0%	9.8%	0.0%	18.0%	0.0%	27.9%	15.0%	37.7%
R	5.0%	1.6%	0.0%	9.5%	5.0%	11.1%	5.0%	0.0%	0.0%	0.0%	5.0%	0.0%	10.0%	11.1%
S	5.0%	1.6%	2.5%	3.3%	7.5%	4.9%	12.5%	6.6%	2.5%	9.8%	15.0%	16.4%	22.5%	21.3%
T	50.0%	3.2%	7.5%	4.8%	57.5%	7.9%	0.0%	4.8%	0.0%	3.2%	0.0%	7.9%	57.5%	15.9%
U	5.0%	1.6%	0.0%	1.6%	5.0%	3.2%	10.0%	1.6%	2.5%	11.1%	12.5%	12.7%	17.5%	15.9%
V	5.0%	0.0%	15.0%	0.0%	20.0%	0.0%	2.5%	7.9%	2.5%	9.5%	5.0%	17.5%	25.0%	17.5%
W	0.0%	0.0%	20.0%	4.9%	20.0%	4.9%	7.5%	9.8%	0.0%	9.8%	7.5%	17.5%	27.5%	24.6%
平均値	6.8%	3.6%	5.7%	2.7%	12.5%	6.2%	5.9%	6.4%	3.3%	8.9%	9.1%	15.3%	21.6%	21.6%
標準偏差	9.9%	4.6%	5.6%	2.9%	11.3%	6.3%	4.4%	4.1%	5.6%	8.0%	7.0%	10.4%	10.5%	10.5%
有意差	†事前>事後		*事前>事後		*事前>事後		n.s.		**事前<事後		**事前<事後		n.s.	

表 4-6　「問題解決の方策」の件数が IU 総数に占める割合：事前と事後の比較

	質問 事前	質問 事後	推測 事前	推測 事後	放置 事前	放置 事後
A	7.5%	4.8%	5.0%	4.8%	0.0%	0.0%
B	2.5%	11.3%	2.5%	0.0%	5.0%	1.6%
C	7.5%	6.5%	7.5%	3.2%	2.5%	3.2%
D	10.0%	22.2%	2.5%	3.2%	0.0%	6.3%
E	7.5%	3.3%	17.5%	4.9%	2.5%	0.0%
F	12.5%	16.7%	7.5%	6.7%	2.5%	1.7%
G	15.0%	6.3%	5.0%	0.0%	2.5%	1.6%
H	2.5%	13.1%	12.5%	3.3%	5.0%	1.6%
I	7.5%	8.2%	20.0%	8.2%	0.0%	0.0%
J	7.5%	12.7%	5.0%	4.8%	0.0%	0.0%
K	2.5%	7.9%	5.0%	3.2%	5.0%	1.6%
L	15.0%	31.7%	0.0%	4.8%	0.0%	0.0%
M	0.0%	8.1%	2.5%	9.7%	0.0%	0.0%
N	2.5%	4.8%	2.5%	4.8%	0.0%	3.2%
O	2.5%	8.1%	10.0%	9.7%	0.0%	0.0%
P	7.5%	4.8%	5.0%	4.8%	0.0%	1.6%
Q	5.0%	9.8%	5.0%	1.6%	10.0%	1.6%
R	5.0%	3.2%	2.5%	3.2%	0.0%	0.0%
S	5.0%	4.9%	12.5%	0.0%	2.5%	0.0%
T	2.5%	11.1%	12.5%	1.6%	42.5%	1.6%
U	5.0%	3.2%	2.5%	1.6%	7.5%	0.0%
V	7.5%	4.8%	7.5%	0.0%	17.5%	1.6%
W	2.5%	6.6%	10.0%	3.3%	0.0%	1.6%
平均値	6.6%	9.3%	7.1%	3.8%	4.7%	1.4%
標準偏差	4.2%	6.7%	5.1%	2.8%	9.2%	1.5%
有意差	*事前<事後		**事前>事後		†事前>事後	

表 4-7　「内容へのコメント」の件数が IU 総数に占める割合：事前と事後の比較

	発展 事前	発展 事後	予想 事前	予想 事後	反応 事前	反応 事後
A	0.0%	1.6%	0.0%	1.6%	0.0%	0.0%
B	2.5%	0.0%	0.0%	0.0%	0.0%	0.0%
C	2.5%	0.0%	0.0%	0.0%	5.0%	0.0%
D	2.5%	0.0%	0.0%	0.0%	0.0%	0.0%
E	2.5%	1.6%	0.0%	1.6%	2.5%	0.0%
F	2.5%	1.7%	0.0%	1.7%	0.0%	0.0%
G	2.5%	9.5%	0.0%	4.8%	7.5%	0.0%
H	0.0%	3.3%	0.0%	1.6%	0.0%	3.3%
I	2.5%	0.0%	0.0%	0.0%	0.0%	0.0%
J	2.5%	1.6%	2.5%	1.6%	2.5%	7.9%
K	0.0%	3.2%	0.0%	0.0%	2.5%	3.2%
L	5.0%	6.3%	7.5%	4.8%	12.5%	7.9%
M	7.5%	12.9%	5.0%	1.6%	2.5%	1.6%
N	2.5%	4.8%	0.0%	0.0%	0.0%	0.0%
O	10.0%	0.0%	0.0%	1.6%	2.5%	0.0%
P	7.5%	6.5%	5.0%	1.6%	0.0%	0.0%
Q	0.0%	4.8%	0.0%	0.0%	0.0%	16.4%
R	0.0%	4.8%	0.0%	6.3%	0.0%	0.0%
S	0.0%	14.8%	2.5%	4.9%	0.0%	1.6%
T	0.0%	0.0%	0.0%	1.6%	0.0%	0.0%
U	2.5%	0.0%	0.0%	4.8%	0.0%	0.0%
V	0.0%	4.8%	0.0%	6.3%	0.0%	0.0%
W	12.5%	9.8%	2.5%	1.6%	0.0%	3.3%
平均値	2.9%	4.5%	1.2%	1.7%	2.1%	2.0%
標準偏差	3.4%	4.4%	2.1%	2.0%	3.5%	3.9%
有意差	†事前<事後		n.s.		n.s.	

† p＜.10, *p＜.05, ** p＜.01

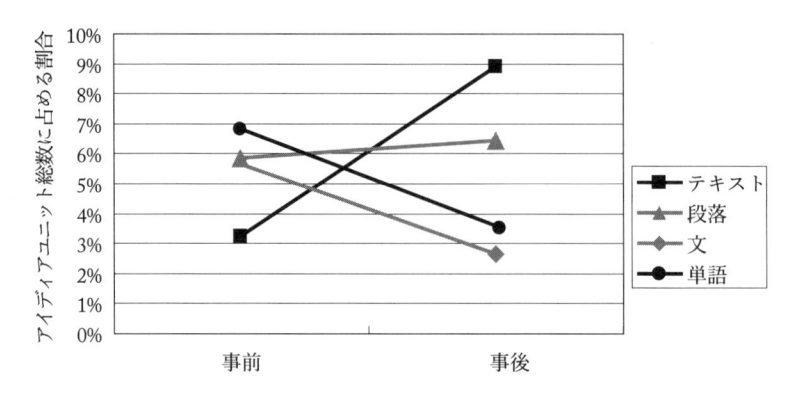

図 4-1　指導前後の「モニター範囲」レベル別件数の割合

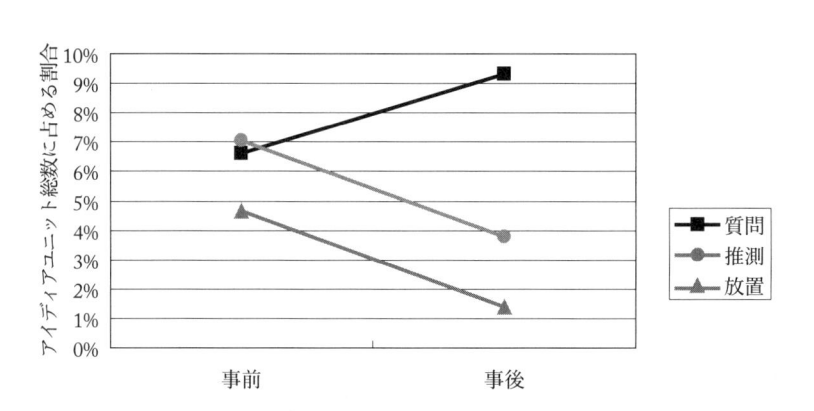

図 4-2　指導前後の「問題解決の方策」件数の割合

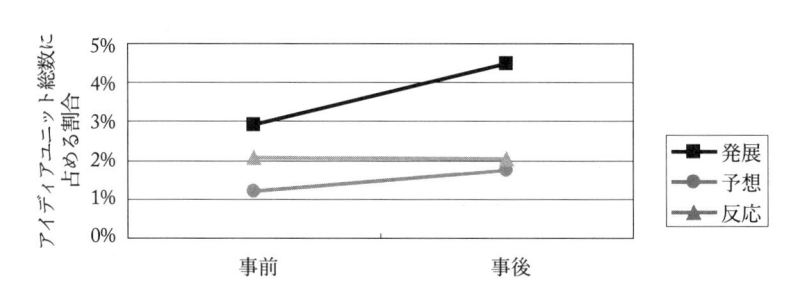

図 4-3　指導前後の「内容へのコメント」件数の割合

続いて、②について説明を加える。たとえば、先の例1で「ころんだ」を「身体が倒れた」という意味かと質問した経緯について、「（3日もかかって山を越えてビールを買いに行ったことから）『ころんだ』は『倒れた』の意味だろうと思ったが、一方で（この話は少年がお金を盗った話だと思っていたので）ビールを持たないで帰ってきたのは、帰る途中で誰かに襲われてビールを盗られたからだと言い訳したことも考えられると思い、『強奪された』という意味かもしれないとも思って質問した。」と回想し、テキストの複数段落に渡る範囲を参照していることから「テキスト」レベルのモニターに基づいた質問であることが特定できる。また、例2で少年がビールを買ってくることの報酬としてお金を払ったのかと質問した経緯について、「××（自国）では何か人に頼む時にはいくらかお金をあげるのが普通だ。子供は本当はお金が欲しかったはずなので、ビール代を自分のものにすることも考えられると思った。」という回想が得られており、段落を遡った文脈情報を既有知識と照合していることから、「テキスト」レベルのモニターに基づいた質問だと考えられる。また、次の例3では、「その子がお金をとって逃げたとしたら、それは自分のわがままでビールを頼んだせいで、子供に悪いことをさせてしまった（と日本人は考えた）」というテキスト部分について、推測した上で「質問」し、その結果を検証している。また、推測の根拠として述べている内容から、先行段落に遡って「テキスト」レベルの「モニター」を働かせていると考えられる。

例3：それに、もし万が一、…中略…その子がお金をとって逃げたとしたら、それは自分のわがままでビールを頼んだせいで、子供に悪いことをさせてしまった【あーあ、それは、悪いこと、悪いことさせるという、日本人が考えてます】そうそう、日本人は、【少年の、あの男性、少年の男の子に、（はい）ビールを買わせるのは悪いという】〈聞きたかったのは、「日本人は少年にビールを買わせるのは悪いことだと考えたのですか」ということ。<u>少年にビールを頼んだためにこういうことが起こったと日本人は考えたのだろうと推測したが、それが正しいのかどうか確認したかった。</u>〉うん、結果的には悪いかもしれない。つま

り、その子がお金をとって逃げたんだとしたら、自分が頼んだせいで、結果的にその子が悪いことをした、【あーあ】悪いことをさせてしまった原因を作ったのは自分だというふうに思って、非常に、あの、後悔しました。〈推測したとおりだと確認できた。(そのような推測をした根拠は？)この村が貧しいこと、少年がまだ小さくて善悪の判断ができないことを考えると、日本人は少年がお金をとって逃げることに考えが及ぶべきだった。だから頼んだ方が悪いと考えたのだろうと推測した。〉〔Q〕

　各「質問」がどのレベルのモニターの結果として問われているかについて、「質問」総数に対する割合を調べてみた(表4-8)。事前調査では「○○は何ですか」という単語や表現の意味を問う質問がほとんどだったのに対し、事後調査では、「テキスト」レベル($t(22) = -4.26, p < .01$)および「段落」レベル($t(22) = -2.33, p < .05$)の質問の率が有意に増えたことがわかる。事前から事後にかけて増えた「質問」は、「広範囲モニター」に基づいていることが指摘できる。

　さらに、③「質問」の表現形式や技術について調べてみると、次の例4、例5のように、下線部分の表現形式を巧みに使って、テキストを遡った箇所に関する「質問」を成功させている。

例4：で、その子の話では、一番近い町にビールがなかったので、【うんうん】さらに山を越えて、【うん】もっと遠い町まで買いに行っていた、【ふーん】それで、帰る途中でころんでビールを何本か割ってしまった、【ふーん】「ごめんなさい」と言って、割れたビールの破片まで見せて、泣きながら帰ってきた、ということなんですね。で、その人はこんなにたくさん心配したり、それから後悔したり、そして反省したり、そして最後にはとても感動した【ふーん、そうですか。】うん、こんな経験は生まれて初めてですというふうにエッセイに書いてありました。【ちょっと戻っちゃうんですけれども、】はい。【この子はビールを買って、でも、転んでしまった。そして、ビールは何本残りまし

表 4-8 「モニターレベル」別質問がＩＵ総数に占める割合：事前と事後の比較

	単語 事前	単語 事後	文 事前	文 事後	段落 事前	段落 事後	テキスト 事前	テキスト 事後
A	67%	67%	0%	0%	33%	0%	0%	33%
B	100%	71%	0%	29%	0%	0%	0%	0%
C	33%	25%	0%	50%	33%	25%	33%	0%
D	50%	64%	0%	29%	25%	7%	25%	0%
E	67%	0%	33%	0%	0%	0%	0%	100%
F	80%	80%	20%	0%	0%	10%	0%	10%
G	67%	0%	17%	0%	0%	25%	17%	75%
H	0%	25%	0%	0%	0%	25%	0%	50%
I	67%	20%	0%	0%	33%	20%	0%	60%
J	67%	13%	0%	0%	33%	63%	0%	25%
K	100%	20%	0%	20%	0%	40%	0%	20%
L	17%	10%	17%	5%	0%	20%	67%	65%
M	0%	20%	0%	0%	0%	0%	0%	80%
N	100%	67%	0%	0%	0%	33%	0%	0%
O	100%	20%	0%	0%	0%	0%	0%	80%
P	100%	0%	0%	0%	0%	0%	0%	100%
Q	100%	67%	0%	0%	0%	0%	0%	33%
R	100%	50%	0%	50%	0%	0%	0%	0%
S	100%	0%	0%	33%	0%	33%	0%	33%
T	100%	29%	0%	14%	0%	29%	0%	29%
U	100%	50%	0%	0%	0%	0%	0%	50%
V	33%	0%	0%	0%	33%	67%	33%	33%
W	0%	0%	60%	0%	40%	50%	0%	50%
平均値	67%	30%	6%	10%	10%	19%	8%	40%
標準偏差	37%	28%	15%	17%	16%	21%	17%	32%
有意差	** 事前＞事後		n.s.		* 事前＜事後		** 事前＜事後	

†$p<.10$, *$p<.05$, **$p<.01$

たか。】ええと、何本かわかんないですけど、何本か割ってしまって、何本かは持って帰ってきました。【ああ、はい。わかりました。】〔V〕
例5：その子の話では、一番近い町にビールがなかった、それで、もっと遠い、山を越えて行く、1日以上もかかる大きい町まで買いに行ったと

いうのです。それで、帰る途中でころんでしまって、ビールを何本か割ってしまった、「ごめんなさい」と言って、泣きながら帰ってきた、割れたビールの破片まで持って帰って見せたっていうことだったんですね。【はい】その日本人はこんなにたくさん心配したり、後悔したり、反省したり、そして最後にはとても感動したりしたことは初めてだとエッセイに書いてありました。【その日本人は、結局、ビール飲まなかったっていうわけですか。】え？　飲まなかった？【はい】いえ、持ってきました。何本かは持ってきました。【はい】〔R〕

以上のような例では、【研究1】の考察に基づいて指導に導入した「質問」の表現形式が成果をあげたものと考えられる。

4.2.1.3　「内容へのコメント」の変化

「内容へのコメント」の変化について、表4-7および図4-3を見ると、事前から事後にかけて、「発展」の頻度がやや増加し、有意傾向 ($t(22) = -1.47$, $p < .10$) が認められた。次の例6、例7のように、テキストからの情報を自らの経験や既有知識と照合して、理解を構築している様子が観察された。

例6：町から何日も歩いて、【うん】その小さい村に着いて、【そうですね】そして、撮影の仕事が始まりました。ところが、何日かするうちに、やっぱりビールがほしいなあと思うようになりました。【はい、はい】山の中には川が流れていますが、【はい】そのきれいな川でビールを冷やして飲んだらおいしいだろうと思って想像しているうちに、段々がまんができなくなって、【はい】「ああ、ビールが飲みたい」と言いました。〈ビールを飲みたいと思ったのはどんな時なのか、本を読んでるときなのか、休憩しているときなのか、考えた。〉そうしたら、【はい】それをそばで聞いていたその村のネパール人の少年、10歳ぐらいの少年なんですけれども【女性、男性、女性？】あ、男の子。【男の子】その子が「僕が買ってきてあげるよ」って言ったんだそうです。で、「買ってくる」って言っても、【時間がかかりますよね】その村に

はないですから、歩いて1時間半とか2時間とかかかる町まで行かないといけないんですね。でも、その子が「だいじょうぶ、僕が買ってきてあげるよ」って言うので、お金を渡して、頼みました。〈少年がなぜ突然ビールを買ってくると言ったのか、その経緯を疑問に思った。〉その日の夜、その子は5本のビールを持って帰ってきました。【1時間半あと】もっとでしょうね。【もっとですね】3時間とか、行って帰ってくる時間、もう夜だったんですけれども、早速ビールを冷やして飲んだら、すばらしくおいしかったっていうことなんですけれども。〈ビールを買うのにいくら渡したのか疑問に思った。何本頼んだのかと考えた。たくさん持ったら重いし、時間がかかると思った。〉〔Q〕

例7： で、その日本人はとても心配して、もしかしたら事故にあったんじゃないかと思って、村の人にそう言うと、村の人たちは「いやあ、きっともらったお金を持って逃げたんだ」と言ったんだそうです。〈村の人たちも少年とぐるになってお金をだまし取ろうとしているのかもしれないと思った。以前に映画の話で似たような話を見たことがある。〉確かに、貧しい村のこどもですから、お金を持って逃げたっていうのも考えられないことじゃないんですが、ただ、その日本人としては、自分のためにビールを買いに言ってくれた純真な子どもを疑うのは嫌だなという気持ちでした。〈その人は自分のせいで仕方がないと考えたが、自分だったら、まずビールを持ってきてもらってからお金を払うことにすると考えた。〉〔M〕

以上をまとめると、過程重視の指導を受けた結果、【研究1】でテキスト理解の高い群で観察された「広範囲モニター」を支える要素に関して、①「質問」の増加が認められ、②推論のストラテジー（「予想」「発展」「推測」）のうち「発展」の増加が認められた。

4.2.1.4　テキスト正再生率の変化
前項までで事前から事後にかけてのストラテジー使用の変化について述べた

が、本項では、その変化がテキスト理解にどのように反映しているかを観察する。表4-3で見たように、事前調査と事後調査の使用テキストは、語彙の難易度については同レベルだが、事後テキストは事前テキストの約1.5倍の長さがあり、再生という観点からは難易度の高いものである。しかし、表4-9に示したテキストの「再生結果」を見ると、事後調査では、正再生率が

表4-9 テキストの「再生結果」：事前と事後の比較

	正再生		再生なし		誤再生	
	事前	事後	事前	事後	事前	事後
A	42.5%	39.7%	45.0%	55.6%	12.5%	4.8%
B	45.0%	40.3%	55.0%	51.6%	0.0%	8.1%
C	30.0%	48.4%	60.0%	51.6%	10.0%	0.0%
D	70.0%	55.6%	20.0%	38.1%	10.0%	6.3%
E	67.5%	57.4%	30.0%	37.7%	2.5%	4.9%
F	77.5%	58.3%	15.0%	33.3%	7.5%	8.3%
G	80.0%	68.3%	20.0%	28.6%	0.0%	3.2%
H	22.5%	63.9%	60.0%	27.9%	17.5%	8.2%
I	72.5%	63.9%	17.5%	36.1%	10.0%	0.0%
J	67.5%	68.3%	30.0%	28.6%	2.5%	3.2%
K	57.5%	71.4%	32.5%	25.4%	10.0%	3.2%
L	57.5%	76.2%	42.5%	23.8%	0.0%	0.0%
M	60.0%	58.1%	35.0%	40.3%	5.0%	1.6%
N	47.5%	53.2%	47.5%	46.8%	5.0%	0.0%
O	62.5%	40.3%	30.0%	58.1%	7.5%	1.6%
P	52.5%	45.2%	30.0%	50.0%	17.5%	4.8%
Q	27.5%	39.3%	70.0%	55.7%	2.5%	4.9%
R	30.0%	27.0%	67.5%	71.4%	2.5%	1.6%
S	65.0%	55.7%	30.0%	42.6%	5.0%	1.6%
T	7.5%	36.5%	85.0%	61.9%	7.5%	1.6%
U	47.5%	71.4%	52.5%	27.0%	0.0%	1.6%
V	10.0%	69.8%	67.5%	30.2%	22.5%	0.0%
W	35.0%	59.0%	57.5%	41.0%	7.5%	0.0%
平均値	49.3%	55.1%	43.5%	41.9%	7.2%	3.0%
標準偏差	20.8%	13.4%	19.4%	13.2%	6.1%	2.8%
有意差	†事前＜事後		n.s.		**事前＞事後	

†p＜.10, *p＜.05, **p＜.01

有意傾向($t(22) = -1.353, p < .10$)で上昇した一方で、誤再生率は有意($t(22) = 3.043, p < .01$)に下降し、テキスト理解が上昇したことを示唆している。

事後調査結果について、正再生率と「モニター範囲」のレベル別件数との相関係数を表4–10に示した。「テキスト」レベルの件数および「段落」レベルと「テキスト」レベルを合計した件数と正再生率との間に有意な正の相関がある。また、再生率が56％以上の高再生群（N＝14）と48％以下の低再生群（N＝8）の「モニター範囲」レベル別件数の平均値を表4–11にまとめた。両群の平均値についてt検定を行ったところ、「テキスト」レベルの件数($t(17) = 1.559, p < .10$)および「段落」レベルと「テキスト」レベルを合計した件数($t(15) = 1.637, p < .10$)に有意傾向が認められた。事前調査結果と同様、「広範囲モニター」とテキスト再生率の間の関連が認められた。

表4–10　正再生率と「モニター範囲」レベル別件数との相関係数

単語	文	単語＋文	段落	テキスト	段落＋テキスト
－0.14	－0.43*	－0.30	0.34	0.44*	0.48*

*$p < .05$

表4–11　「モニター範囲」レベル別件数：高再生群と低再生群の比較

	単語	文	単語＋文	段落	テキスト	段落＋テキスト
高再生群(N＝14)	2.3	1.4	3.3	4.4	6.9	11.2
低再生群(N＝8)	2.1	2.4	3.9	3.0	3.6	6.6
有意差判定	n.s.	n.s.	n.s.	n.s.	†高＞低	†高＞低

†$p < .10$

事前から事後にかけて、①「広範囲モニター」の頻度が上昇したこと、②テキスト再生率が上昇したことを受け、①と②の変化の関係を調べるために、レベル別モニターと再生率の上昇率（事後調査の数値から事前調査の数値を差し引いた数値）の相関関係を算出して表4–12に示した。「文」レベル

のモニター頻度および「単語」レベルと「文」レベルのモニターを合計した頻度の上昇率が再生率の上昇と負の相関があるが、「広範囲モニター」の上昇と再生率の上昇との間には有意な相関は認められなかった。

表4-12 レベル別モニター上昇率と正再生率上昇率との相関係数

単語	文	単語+文	段落	テキスト	段落+テキスト
−0.25	−0.47*	−0.45*	0.36	0.21	0.35

*$p<.05$

表4-13 事前と事後のテキスト正再生率の平均値:
高変化群と低変化群の比較

	事前	事後	群間の有意差
高変化群 N=12	41%	57%	** 高>低
低変化群 N=11	59%	52%	
全対象者 N=23	49%	55%	

**$p<.01$

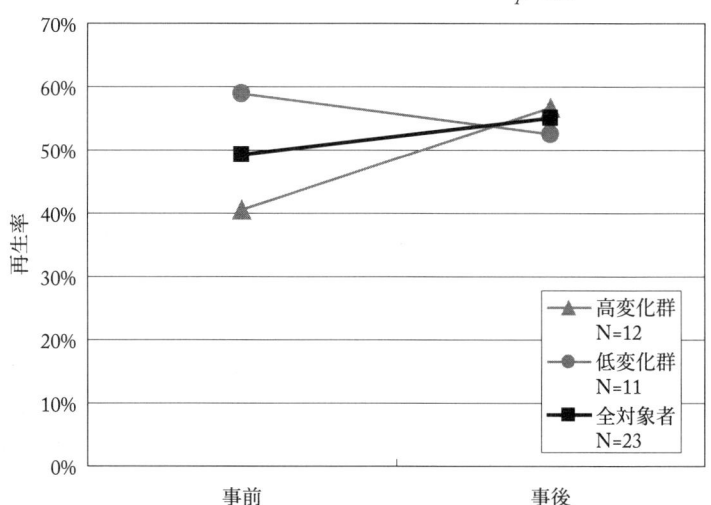

図4-4 事前と事後のテキスト正再生率の平均値:
高変化群と低変化群の比較

表4-13および図4-4は、「広範囲モニター」の増大（平均5.6％増加）が5％以上の調査対象者12名を「高変化群」、2.5％以下の調査対象者11名を「低変化群」とし、両群の正再生率の変化の度合を比較した結果である。低変化群では正再生率が降下しているのに対し、高変化群は明らかな上昇を見せ、事前・事後の正再生率の差について、両群の平均値の差を検定したところ、有意差が確認された（$t(20) = 2.997, p < .01$）。「広範囲モニター」の頻度上昇と再生率の上昇の間には有意な相関は見られなかったものの、正再生率の上昇には「広範囲モニター」の頻度上昇が影響している可能性が示唆された。

4.2.1.5 対面聴解過程の変化

以上で対面聴解調査から得られたデータについて報告したが、【研究1】で示した聴解過程のモデル図を用いて指導前後の聴解過程を比べてみる。図4-5は、【研究1】で再生率が低い聴き手の例として挙げたHの事前調査における聴解過程である。図4-6は、同じHの事後調査の結果である。事前調査（図4-5）では、①「モニター範囲」が「単語」「文」というレベルに偏っており、「広範囲モニター」が全く見られない、②「質問」が1回しかなく、問題を「放置」したり「推測」したりした結果「誤解」に結びついている例が多いことが特徴的である。一方、事後調査（図4-6）では、①問題が「単語」や「文」にある場合も「テキスト」レベルのモニターを働かせていること、②「質問」や「反応」を活発に行い、問題を「放置」せずに解決に結びつけていること、③「質問」の結果、「理解達成」が得られず、問題が「未解決」の場合も一旦「保留」した後に新たな問題解決につなげていること等が観察される。また、その結果、「誤再生」が減り、再生率が飛躍的に上昇している。

4.2.2 聴解力調査の結果

表4-14は、実験群と統制群の事前・事後の日能試得点を示したものである。事前は日能試3級および2級、事後は2級のみを実施した。両群の事前の得点は、すべて統計的に均質である。事後の両群の得点を比べると、読解・文法部門において統制群が勝っている一方で、聴解部門においては実験群が

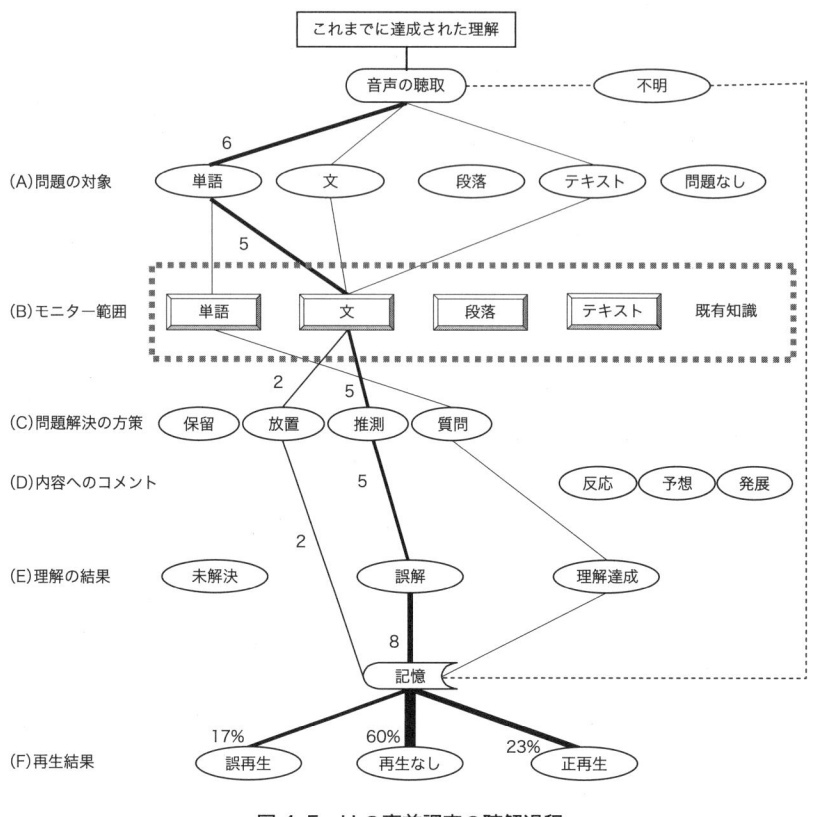

```
                   ┌──────────────────┐
                   │これまでに達成された理解│
                   └──────────────────┘
                           │
                        音声の聴取 ------- 不明
                         │  6
(A)問題の対象      単語    文    段落   テキスト   問題なし
                   │  5
(B)モニター範囲   [単語] [文]  [段落] [テキスト]  既有知識
                         │ 2  │ 5
(C)問題解決の方策  保留  放置  推測   質問
                              │ 5
(D)内容へのコメント                         反応  予想  発展
                              │ 2
(E)理解の結果      未解決     誤解        理解達成
                              │ 8
                             記憶
                    17%     60%      23%
(F)再生結果        誤再生   再生なし   正再生
```

図4-5　Hの事前調査の聴解過程

上回っており、2級の聴解得点の伸び（事前得点と事後得点の差）に有意差（$t(43) = 2.19, p < .05$）が見られたが、聴解部門の得点には有意差が得られなかった。指導前後の伸びを測定するには事前・事後ともにデータのある2級得点を用いるしかないが、指導前の時点で2級が尺度として有効だと思われるのは、事前の2級聴解得点が50%以上である得点上位群である。両群から事前の2級聴解得点が50%以上の得点上位群（実験群8名、統制群15名）を抽出して比較した結果を表4-15に示した。実験群は統制群よりも事後の2級聴解得点が有意傾向（$t(12) = 1.62, p < .10$）で高く、2級聴解得点の伸びも有意（$t(16) = 2.074, p < .05$）に大きいことがわかった。

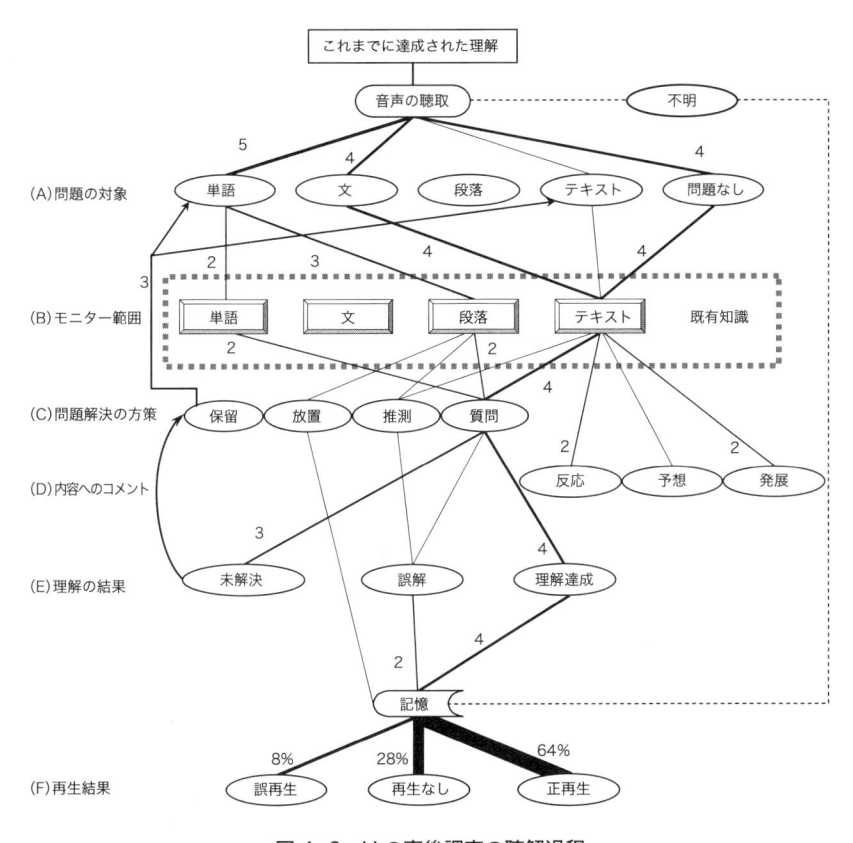

図 4-6　Hの事後調査の聴解過程

　実験群と統制群の特徴の違いをさらに観察するために、事前の運用力の指標と考えられる日能試総得点および文法・読解得点の各上位群においても比較してみたが、事後の2級聴解得点に群間差はなかった。すなわち、聴解力が目立って伸長したのは、事前の段階で運用力や文法・読解力が高かった調査対象者ではなく、聴解力が相対的に高かった調査対象者であった。

表 4-14　指導前後の日能試得点：実験群と統制群の比較

		事前：日能試3級得点の平均				事前：日能試2級得点の平均				事後：日能試2級得点の平均				2級伸び
		総合点	文字・語彙	聴解	文法・読解	総合点	文字・語彙	聴解	文法・読解	総合点	文字・語彙	聴解	文法・読解	聴解
実験群 N=23	平均値	324	90	71	163	185	60	46	79	240	70	63	108	17
	標準偏差	28	4	14	16	28	13	11	18	37	11	12	24	10
統制群 N=25	平均値	323	93	71	159	191	63	51	77	254	71	60	123	9
	標準偏差	34	6	15	21	33	16	12	17	40	10	13	26	14
群間の有意差		n.s.	n.s.	n.s.	n.s.	n.s.	n.s.	n.s.	n.s.	n.s.	n.s.	n.s.	*	*

$*p<.05$

表 4-15　指導前後の日能試得点：実験群および統制群の聴解上位群の比較

		事前：日能試3級得点の平均				事前：日能試2級得点の平均				事後：日能試2級得点				2級伸び
		総合点	文字・語彙	聴解	文法・読解	総合点	文字・語彙	聴解	文法・読解	総合点	文字・語彙	聴解	文法・読解	聴解
実験群 N=8	平均値	335	91	78	167	200	60	59	81	255	69	72	114	13
	標準偏差	28	4	16	20	24	12	8	23	36	11	14	20	10
統制群 N=15	平均値	339	95	76	168	204	65	59	80	258	71	62	125	3
	標準偏差	19	4	14	13	21	11	7	16	33	8	11	23	11
群間の有意差		n.s.	n.s.	n.s.	n.s.	n.s.	n.s.	n.s.	n.s.	n.s.	n.s.	†	n.s.	*

$†p<.10, *p<.05$

4.2.3　結果のまとめ

上述の結果を事前・事後の変化を問う (1) 〜 (3) の研究課題への解答としてまとめる。

（1）　過程重視の聴解指導により「広範囲モニター」の使用頻度は上がるか。
（2）　過程重視の聴解指導により「広範囲モニター」を支える「質問」や推論のストラテジーなどに見られる思考過程は変化するか。
（3）　過程重視の聴解指導は日本語能力試験によって測定される聴解力の向上に効果があるか。

　まず、研究課題(1)に対する解答としては、事前から事後にかけて「広範囲モニター」の使用頻度が上がったことが確認できた。
　また、「広範囲モニター」を支える要素の変化を問う研究課題(2)については、次のような結果であった。【研究1】の考察の結果、「広範囲モニター」を支える要素として、①「質問」のストラテジー、②推論のストラテジー（「推測」「発展」「予想」）の2点を挙げた。まず、①「質問」については、増加

が認められ、「質問」の表現形式など技術面での向上も観察された。また、「質問」がどのレベルの「モニター」に基づいているかを調べたところ、「テキスト」「段落」レベルの「広範囲モニター」に基づいた「質問」が増加していることがわかった。次に、②推論のストラテジーについては、「発展」の増加が認められた。「推測」は減少し、事前調査では「推測」していた理解上の問題が「質問」によって解決されたと考えられる。

一方、事前から事後にかけてテキスト再生率が上がったことが確認され、「広範囲モニター」の頻度が上がった調査対象者は、テキスト再生率も上昇し、テキスト理解が向上したことがわかった。

最後に、研究課題(3)については、過程重視の聴解指導を施した実験群の聴解上位群が統制群よりも有意な聴解力の伸びを得たことから、指導の効果が示唆された。統制群については対面聴解調査データがないことから、聴解過程の変化についての比較ができないが、実験群について、「広範囲モニター」およびテキスト再生率の上昇が得られ、両者の上昇が連動的であること、「広範囲モニター」を支えると考えられる要素に関する増強が観察されたこと、さらに、日能試で測られる聴解上位群の聴解力が統制群より優位であったことから、過程重視の聴解指導が聴解上位群の聴解力向上を加速させたと考えられる。

4.3 考察

上述の結果に関し、まず、指導との関連について考察し、次に、本調査結果の成果と課題について述べる。

4.3.1 指導との関連

23名のNNJLTに過程重視の聴解指導を施した結果、「広範囲モニター」の使用が増え、効果的な聴解過程に向かう明らかな変化が見られた。また、「質問」の頻度が目立って増え、特に「テキスト」レベルのモニターに基づいた「質問」によって問題解決が図られるようになった。本項では、これらの結果と指導との関連について考察する。

4.1.3 で述べた指導に取り入れた活動①～⑥は、図 4-5 および図 4-6 のモデルに適用して考えると、「推測」「質問」「反応」「予想」「発展」を促進する活動である。本研究における指導は 12 名あるいは 11 名の調査対象者を 1 クラスとして行われたが、「推測」「質問」等はいずれも個別の思考や行為であり、個別の思考過程に対応した指導は物理的に困難である。たとえば「質問」の指導方法として、一人一人が個別にテキストを聴きながら随時「質問」をするという活動はほとんどできなかった。代替活動として行ったのは、テキストを一同で聴いて区切りの箇所で（手を挙げるなどして順次）「質問」する、あるいは「質問」を紙に書く等の活動である。しかし、これらの代替活動によっても十分「質問」のストラテジーを身につけることができたと言える。

指導で扱った「推測」「質問」「反応」「予想」「発展」は、いずれも適確な「モニター」によって実現されるものである。調査の結果、「推測」「予想」「反応」については頻度の増加は見られなかったが、「推測」「予想」「反応」に焦点を当てた学習活動に伴う「モニター」の実行が、その行為や思考の背景に働く「モニター範囲」を拡大することに貢献したのではないかと考えられる。

【研究1】で「広範囲モニター」とテキスト理解との関連が示されたが、「広範囲モニター」自体は直接的に指導することが難しい。しかし、「広範囲モニター」を支える諸要素、すなわち「推測」「質問」「反応」「予想」「発展」については、具体的な指導が可能である。本研究の結果は、こうした諸要素の指導を通して、「モニター範囲」が拡大できる可能性を示した。「広範囲モニター」はメタ認知ストラテジー（学習を統制するプロセス）、「推測」「質問」「反応」「予想」「発展」は認知ストラテジー（実際の言語タスクを操作するプロセス）である。タスクの設定が可能な認知ストラテジーを訓練することでメタ認知ストラテジーである「広範囲モニター」の指導が可能であることが示されたと言える。

一方、日能試聴解得点で測る聴解力について、統制群より高い伸びが見られたのは、事前の段階で聴解力が相対的に高かった調査対象者であった。明示的なストラテジー指導を受けなくても聴解ストラテジーを身につける学習

者がいることは十分考えられるが、ストラテジー指導が有効だとすれば、何らかのレディネスが整った段階の学習者に対してである可能性がある。今回の調査結果から考えられるのは、そのレディネスが総合的な運用力や文法・読解能力よりも聴解技能と関連している可能性であるが、この点については、より広い層の運用力レベルに分布する、より多くの被験者による追検証が必要である。

4.3.2 【研究2】の成果と課題
4.3.2.1 本研究の成果
【研究1】【研究2】では、先行研究が指摘する「モニター」の重要性を前提に、「モニター」実行に伴う3つの過程、すなわち「①問題の認知」「②問題解決の手がかりの特定」「③方策の選択」に注目して聴解過程を観察した。また、特に「②問題解決の手がかり」を特定する過程で聴き手が参照するテキスト範囲を指標にして分析を行った。これまでの先行研究(Vandergrift 1997a, 2003)は、聴き手が用いる「モニター」の頻度を効果的な聴解の指標としていたが、聴き手の記憶や恣意性に左右される発話思考法や回想法による調査では、聴き手の聴解時の思考がすべて表出されるわけではない。本研究でも、回想インタビューで表出された思考は、一部のIUに関してに過ぎず、多くのIUに関する理解過程は不明と考えざるを得ない。このような限定的な思考抽出において「モニター」の頻度のみを問題としても、指導前後の聴解過程の変化は明らかにできない。実際「モニター範囲」のレベル別事例をまとめた表4–5で全レベルの「モニター計」の平均、すなわちレベルを問わない「モニター」頻度を見ると、事前も事後も21.6%と前後の変化はない。しかし、レベル別の「モニター範囲」を分析したことで「テキスト」レベルのモニターの増大が確認できた。

また、【研究1】で対面聴解の巧拙を分ける最も大きな要素であった「質問」が増加した。対面聴解では、話し手と聴き手の親疎関係等も聴解過程に作用する変数として考えられる。本調査では、事前・事後調査とも聴解指導担当者でもある筆者が行ったが、再教育プログラムの初期[1]に行った事前調査とプログラム終了時に行った事後調査では、その変数が異なっている可能

性が高い。今後は、事前・事後調査とも、それ以前に面識のない話し手による調査を行うことが望ましいであろう。あるいは、今回のような設定で行った調査では、事後調査の後に別の話し手による同様の調査を行って、話し手との関係による影響の有無を検証することも考えられよう。

　他方、「質問」の質を観察すると、「○○は何ですか」という表現に代表される言語形式の意味を問う質問から「広範囲モニター」に基づいた仮説検証型の質問への変化が認められた。これは、Rost & Ross (1991) が対面聴解における質問ストラテジーの発達過程として想定した① Global Questioning、② Local Questioning、③ Inferential Questioning に照らせば、②から③への発達が観察されたものと思われる。

　佐藤 (2004) では、読解のモニタリング (「モニター」) を促すタスクとして質問回答と質問作成をとりあげて両者の効果を比較し、質問作成が要点の理解や保持を促進したことを報告している。読解と聴解では、「モニター」に費やすことができる時間の条件に大きな違いがあり、読解の結果をすぐ聴解に適用できるものではないが、質問作成という行為が理解の「モニター」と密接に関連していることには、理論的な整合性もある。発問されずとも自問自答も含んだ質問 (疑問の想起) は、「推測」「予想」にも必然的に付随し、「モニター」の根幹を成す行為である。聴解指導において、質問作成を継続的・習慣的に行うことで、対面聴解では「質問」として、また非対面聴解では「自問自答」として、「モニター」を促進できる可能性が強い。

　実際、本研究では、従来の聴解指導に加えて新規に導入した対面聴解技能の指導効果が、非対面聴解にも及んだと考えられ、標準テスト (日能試) による聴解力の測定において、限定的 (聴解上位群のみ) ながらも統制群と比べて優位な結果を得た。先行研究の中で唯一ストラテジー指導の縦断研究の結果を報告している Thompson & Rubin (1996) では、処遇の焦点であったビデオ聴解については統制群との間に有意差があったものの、標準テストの聴解部門による検証では統制群より優位な結果が得られなかった。聴解テストに代表される非対面聴解では、質問や反応ができないといった制限はあるが、積極的に「モニター」を働かせて「自問自答」「予想」「推測」を行い、与えられる情報を自らの知識や経験と照合させながら意味を構築していくと

いう理解過程は、対面聴解と同様である。今後は、同じ学習者群について対面・非対面双方の聴解過程調査を行って照合するなど、両種の聴解の関連についてもより詳しく見ていくと興味深いであろう。

4.3.2.2 今後の課題

本研究の調査対象者は、4ヶ月半の指導を経て、聴解過程の変化と聴解力の伸長を得た。最後に、これらの変化に関連する諸要素の相互関連を考察して、今後の課題をまとめる。

図4-7は、聴解力をめぐる諸要因相互の関連を示したものである。楕円で囲んだのは観測値のない潜在変数、四角で囲んだのは観測変数である。また、因果関係が想定できると考えられる関係は単方向の矢印で示し、相互の関連がありながら現時点では因果関係が想定できない関係は双方向の矢印で示した。矢印の側面に記した相関係数は、上が事前調査の数値、下に「→」とともに記したのが事後調査の数値である。また、「文法読解得点」「文字語彙得点」の脇に吹き出しで記した数値は、事前は日能試3級結果、事後は2級結果について、「聴解得点」を1とした際の「文法読解」および「文字語彙」得点の得点比である。上に事前調査の数値、下に「→」に続いて事後調査の数値が記してある。

「広範囲モニター」と「テキスト再生率」の間には、事前、事後の2回と

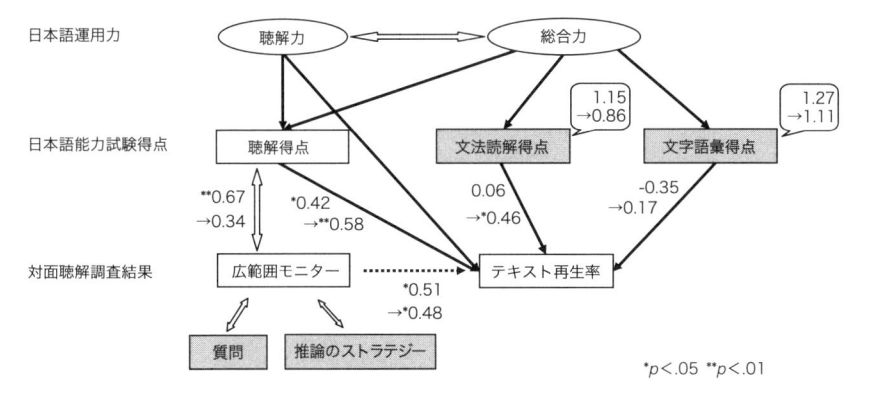

図4-7 聴解力をめぐる諸要素の相互関係

も有意な相関関係が確認され、また、事後調査では、①「広範囲モニター」が有意に増加、②「テキスト再生率」が上昇、③「広範囲モニター」が大きく増加した「高変化群」は増加しなかった「低変化群」よりも再生率の上昇が有意に大きいという結果を得たことから、相関関係が想定される。

　日能試の部門別得点比を見ると、事前調査では、「聴解」に比べて「文法読解」の得点比が 1.15、「文字語彙」の得点比が 1.27 と、聴解力が相対的に低いのに対し、事後調査では、「文法読解」の得点比が 0.86、「文字語彙」の得点比が 1.11 とそれぞれ低下し、聴解力が相対的に高くなったことがわかる。横山・木田・久保田(2004)では、NNJLT144 名の日能試 3 級および 2 級得点と OPI 判定を分析した結果、下位のレベルでは大きく崩れている技能バランスが上位のレベルほど均衡を得ることがわかり、技能バランスの習得が不均衡から均衡へと進む可能性が示された。本調査の対象者は、事前から事後にかけて、概ね日能試 3 級合格レベルから 2 級合格レベルへと習得を進め、その技能バランスは均衡に近づいたが、「文法読解」がやや伸び悩んだものと思われる。今後は、より一層長期に渡る縦断研究により、伸張した聴解力が文法や読解など他技能にも転移していく可能性を検証する必要がある。

　一方、事前調査の段階では関連が認められなかった「文法読解」「文字語彙」と「テキスト再生率」の関係について、事後調査では、「文法読解」と「テキスト再生率」の間に有意な相関が生じるようになった。他方、「聴解得点」と「広範囲モニター」との相関係数が事前の 0.67 から事後の 0.34 へと低下している。事前調査の段階では、自然インプットの乏しい JFL 環境の影響を受けて聴解力が相対的に低かった NNJLT は、知識として持っている文法等の能力をテキスト理解（再生率）に生かすことができなかった。また、事前調査の段階では、23 名の調査対象者の中で「広範囲モニター」の技能を持つ者と持たない者の差が比較的はっきりしており、「広範囲モニター」は「聴解得点」と強い相関があった。しかし、23 名全体の聴解力が相対的に上がり、同時に多くの調査対象者が「広範囲モニター」を身につけた事後調査の段階では、「広範囲モニター」と「聴解得点」との相関は弱くなった。当該聴解箇所の情報を先行テキストの情報と照合する「広範囲モニター」の技

能は、記憶容量（苧阪 2005; 福田 2004）や認知資源の分配（Horiba1996）と関連していることが想定され、また、回想インタビューという限定的な思考抽出の結果でもあることを考えると、その測定値は上限なしに伸び続けるものではなく、一定以上の伸びは測定しにくいものと思われる。表 4–5 を見ても、事前調査ですでに「広範囲モニター」の頻度が高かった調査対象者は、事後に向けての増加はさほど大きくない傾向があり、事前調査で「広範囲モニター」の頻度が 13％以上だった「高頻度群」（N＝9）と 10％以下だった「低頻度」群（N＝14）の「広範囲モニター」の頻度増加率を比べてみたところ、「低頻度群」の増加率の方が有意に大きかった（$t(19) = -2.135, p < .05$）。事前調査では相関の高かった「広範囲モニター」と「聴解得点」との相関が事後には弱くなった理由として、以上のような解釈が可能である。

　聴解は、しばしば「ブラック・ボックス」と形容されるように、不可視的なプロセスであり、指導はその過程に直接働きかけることができない。本調査では「テキスト再生率」を理解の指標としているが、「テキスト再生率」と関連を持つ要素は多数ありながら、図 4–7 の中で具体的な指導が可能であると思われるものは、①文字、語彙、文法などの言語知識か、②「質問」や推論などの認知ストラテジーということになる（図 4–7 で灰色に塗った変数）。調査対象者の「テキスト再生率」が上昇した背景には、①の言語知識の増強もあるが、②の指導により「広範囲モニター」が拡大したことが考えられる。しかし、本研究では、対面聴解調査に統制群データがないことから、指導の効果を過程重視の聴解指導を行わずとも自然な運用力の伸びに伴って現れる聴解過程の変化と比較して示すことができなかった。聴解過程に関する明示的な指導を受けない学習者群の聴解過程がどのように変化するかを明らかにすることは、今後の課題である。

4.4　まとめ

【研究 2】の結果を改めてまとめる。【研究 1】によって明らかになった「広範囲モニター」とテキスト理解（再生率）との関連を受け、23 名の NNJLT に「広範囲モニター」の使用を促す過程重視の聴解指導を約 4 ヶ月半に渡っ

て行った。【研究1】のデータ分析を受け、指導には「広範囲モニター」を支える要素だと思われる次の2点を導入した。①対面場面での「質問」に関する肯定的な認識の確立と「質問」の運用に関する指導、②「推測」「予想」「発展」の推論ストラテジーに焦点を当てた教室活動の提供。指導を経た事後データを【研究1】の事前データと比べたところ、次のことが明らかになった。(1)「広範囲モニター」の頻度が上昇し、「広範囲モニター」の頻度が増加した調査対象者はテキスト再生率も上昇した。(2)「広範囲モニター」を支える要素に関する増強が観察された。(3)日能試で測られる聴解力の伸びが聴解上位群において統制群より高かった。以上の結果から、「広範囲モニター」が指導可能であることを結論づけることができる。また、「広範囲モニター」の増強が何らかの条件を備えた調査対象者の聴解力向上を加速した可能性を示唆することができる。

　第5章では、過程重視の聴解指導を受けたNNJLT23名の聴解学習観および指導観の変容を調査し、「広範囲モニター」の増加に代表される聴解過程の変化と学習観・指導観の変容との関連を探る。

注

1　表4-2に示したように、事前調査は指導開始後1ヶ月以内に行った。調査対象者が来日後、日本での生活や日本人とのやりとりに多少は慣れ、数回の授業を通して、調査者である本研究者とも一定の信頼関係ができた後に調査を実施した。

〈資料4-1〉【研究2】の対面聴解調査で使用したテキスト

　これからお話するのは、「ネパールのビール」というエッセイで読んだ話です。このエッセイを書いたのは、テレビ局に勤めてる日本人ですが、その人が仕事でネパールに行ったときの話です。ネパールのある小さい村を日本のテレビで紹介することになって、撮影のためにネパールへ行ったのです。
　紹介するのは山の中の小さい村で、電気もガスも水道もなくて、店もレストランも何もない自然の中、そこに2週間ぐらい泊まって撮影の仕事をするのです。食べ物なんかは町から運んでいくんですけど、車が入れないような山の中ですから、荷物は背負って行くんですね。だから、最小限の食べものと飲みものしか持っていけません。自然のすばらしい景色の中でビールを飲んだら美味しいだろうなとは思いましたが、やはりそれは贅沢だと思って、ビールを持っていくのはあきらめました。
　町から何日も歩いて、その小さい村に着いて、撮影の仕事が始まりました。ところが、何日か過ごすうちに、やっぱりビールが飲みたくなりました。山の中には川が流れていますが、その川でビールを冷やして飲んだらおいしいだろうと思ったら、がまんできなくなって、「ああ、ビールが飲みたいなあ」と言いました。そうすると、そばにいたその村のネパール人の10歳ぐらいの少年が「じゃあ、僕が買ってきてあげる」って言ったんだそうです。「買ってくる」って言っても、歩いて1時間半とか2時間とかかかる町まで行かないと買えないんですが、その子が「だいじょうぶ、買ってきてあげる」と言うので、お金を渡して、頼んだわけなんです。
　その子は夜までに5本のビールを持って帰ってきました。川の水で冷たく冷やしたビールの味は忘れられないほどおいしかったそうです。それで、次の日も仕事をしているところにその子が来て、「きょうはビールはいらないの」って言うので、「でも大変でしょう？」と言ったのですが、その子がはりきって「だいじょうぶ。今日はもっとたくさん買ってくる」と言うので、今度は10本分のビールのお金を渡して、また頼んだんです。ところが、その日は夜になってもその少年が帰ってこなかったんだそうです。次の日も、その次の日も帰ってこなかったんです。
　事故にでもあったんじゃないかと心配して、村の人にそう言うと、村の人たちは「きっともらったお金を持って逃げたんだ」って言うんだそうです。貧しい村のことなので、お金を持って逃げたっていうのも考えられないことじゃないんですが、自分のためにビールを買いに行ってくれた純真な子どもを疑うのは嫌な気持ちでした。それに、万が一逃げたとしたら、自分のわがままでビールなんて頼んだせいで、少年に悪いことをさせてしまっ

たと思って、その人はすごく後悔するわけなんです。
　お金を持って逃げたか、事故か、とにかく心配でたまらない気持ちでいるんですが、3日目の夜に、なんとその子が泥だらけになって帰って来たんだそうです。その子の話では、一番近い町にビールがなかったので、山をいくつも越えて、1日以上もかかる町まで買いに行ったというのです。それで、帰る途中でころんでビールを何本か割ってしまった、「ごめんなさい」と言って、泣きながら帰ってきた、割れたビールの破片まで持って帰ってきたという話です。この人はこんなにたくさん心配したり、反省したり、そして最後には感動したりしたことは初めてだとエッセイに書いています。

※小出慶一（1993）『日本語を楽しく読む本・中上級』（産能短期大学国際交流センター）所収の「ネパールのビール」（吉田直哉『文芸春秋』1990年1月号より）を実験用に一部改変した。

〈資料4-2〉　聴解指導のシラバスと教室活動例

(A)　「推測」「予測」「質問」「反応」の各ストラテジーに焦点を当てた活動
　　以下に、ストラテジー毎に焦点を当てた活動例を示す。〈　　　〉は便宜上つけた活動の名称で、さまざまなテキストに応用可能だが、それぞれテキスト例を1例ずつ示す。

（1）「推測」に焦点を当てた活動例：〈片側会話〉
　　2人の会話のうち片側の発話を消した録音を用意し、消えている部分を推測させる。

　　例：「気をつけてね」（『毎日の聞きとり50日：初級日本語聴解練習』下巻　第42課より）

　　以下に引用した男女の会話から女性の発話（網掛け）部分を消した録音を聴かせ、次のような質問を通して、女性の発話内容や表現を推測させる。

1. まずテープの会話を聞いて、次の質問に答えてください。男の人と女の人の会話ですが、テープには男の人の部分しか録音されていません。

① 二人は何のために荷物を運んでいますか。
② 二人はどんな関係だと思いますか。夫婦でしょうか、恋人同士でしょうか。それとも上司と部下でしょうか。なぜそう思ったのですか。
③ 会話の内容と合っていたら○、ちがっていたら×をつけてください。
　　a. (　　) 荷物は男の人の車で運びます。
　　b. (　　) 荷物が多すぎるので、女の人は心配しています。
　　c. (　　) 荷物は全部運びやすいです。
　　d. (　　) 二人のほかに手伝う人がいます。

2. もう一度テープを聞きます。テープをとめたところで、直前の女の人の台詞を考えて言ってみてください。

3. 最後に、女の人の声も録音された完全なテープを聞きます。あなたが考えた台詞と実際の台詞を比べてください。
　男：わあ、すごい荷物だね。ぼくの車でだいじょうぶかな。
　女：だいじょうぶよ。一回で無理だったら、もう一度取りにくればいいんだから。
　男：でも、今度のアパートまで往復2時間もかかるんでしょ。
　女：だいじょうぶ。だいじょうぶ。
　男：じゃあ、この箱から運ぼうか。
　女：あっ、それ、壊れやすいから、気をつけてね。コーヒーカップやお皿が入っているの。
　男：うん、わかった。……ええと、次はこれかな。あ、これは軽くて運びやすいね。
　女：あっ、それはわたしが運ぶから、こちらを運んでくれる？
　男：はい、はい。わあ、これは重すぎて、一人じゃ運べないよ。
　女：そう？　でも、あなたしかいないから……。
　男：きみがいるじゃないか。

(2)「予測」に焦点を当てた活動例：〈予測聴き〉
　物語テキストを段落毎に区切りながら聴かせ、区切りの箇所（下のテキスト例では★印）で「この先どんな話になると思うか」という予測を書かせたり、ディスカッションさせたりする。

例：「耳なし芳一」(小泉八雲／ラフカディオ・ハーン・作)

> むかし、むかし、壇ノ浦というところに源氏と平家という有名な武士の一族がいましたが、源氏と平家は仲が悪く、戦いをして、平家の人々はこの戦いに負けて、全員が亡くなりました。この大きな戦いは「壇ノ浦の戦い」と言われますが、一族全員が死んだという悲しい歴史から、この壇ノ浦には死んだ人たちの幽霊が出ると言われています。★
>
> この壇ノ浦に、芳一という名前の、目の見えない人がいました。芳一は琵琶の弾き語りが得意で、特に「壇ノ浦の戦い」の物語を語りながら琵琶を弾くのが上手でした。あるお寺の和尚さんが芳一の琵琶の弾き語りをとても気に入って、芳一をお寺に呼んで、一緒に住ませることにしました。★
>
> ある暑い夏の夜のことです。和尚さんがでかけた後、芳一は一人で琵琶の弾き語りをしていました。すると、お寺の庭から「芳一、芳一」と太い声が呼びかけてきました。「どなたでしょうか」と芳一が聞くと、「私はこの近くに住む貴族の使いだ。主人がお前の琵琶の弾き語りを聞きたいと言っている。私がお前の手を引いて案内するから、主人のうちへ来い。」と言うのです。★
>
> 芳一は、身分の高い貴族が自分の琵琶を認めてくれたのだと嬉しく思って、その人について行くことにしました。その人は、芳一の手を引いて歩いていきましたが、その人の手は鉄のように冷たく重い手でした。しばらく歩いていくと、大きな家の門を入り、芳一は「ここはどこだろう」と不思議に思いながら、手を引かれて入りました。広い庭を通って、長い廊下を通り、大きな部屋に案内されました。そこには、たくさんの人たちが芳一を待っていました。★　(以下、省略)

（３）「質問」に焦点を当てた活動例：〈質問タイム〉

　　情報伝達テキストや物語テキストを区切りながら聴かせ、区切りの箇所（下のテキスト例では★印）で質問のための時間を設け、質問を促す。どんな質問でもよいが、理解不能だった部分について推測を通して仮説を立て、質問によって検証する「仮説検証型」の質問を奨励する。

　　例：「日本史の講義」(『文化中級日本語Ⅱ』第５課より)

「滅びる」「権力」「すっきりする」「作用」など、学習者にとっては未習のことばが少なからず含まれているが、★印の箇所までは我慢して聴くことで、文脈から推測する力と、推測によって立てた仮説を質問によって検証する力を養う。

エーエー、今日から2回の講義は室町時代の文化の話です。では、アー、まず、室町時代というと、マア、アー、大体14世紀頃から16世紀頃の時代で、エー、正確には足利尊氏が、あ、足利尊氏、エー、この人については後でまた詳しく話しますけど、1338年、京都の室町に幕府を開いた時から、アー、1573年に室町幕府が滅びるまでを、室町時代といいます。エー、室町時代も鎌倉時代と同じように政治的な権力は、アー、武士が握っていたんですけども、アー、武士の生活は鎌倉時代と違っていたようです。エー、どう違うかって言いますと、マア簡単に言うと、室町時代の武士は貴族と同じような生活をするようになったっていうことですねえ。★

エー、この講義では室町時代の文化を中心に話したいんですけど、エー、室町時代には、現在「日本の伝統文化」って言われるものがたくさん生まれたんです。ウーン、日本の伝統文化と一口に言ってもいろいろなものがあるんですが、アー、今日は室町時代に生まれた代表的なもの、茶道と、ウーン、華道について簡単に、エー、話します。エー、まず茶道というと「お茶」ですが、エー、お茶はもともと平安時代に中国から伝わったものなんです。その頃、お茶が日本に入ってきた頃はですね、現在のようには日常的に飲まれていなかったようです。★じゃあ、どんなふうに飲まれてたかっていうことですけど、コーヒーや紅茶と同じように、お茶を飲むと頭がすっきりするという作用があって、エー、体にもよかったので、中国から伝わった頃はお寺なんかで薬として飲まれていたようです。で、エー、室町時代に入って、エー、人々が一つの部屋に集まってお茶を飲むようになりました。初めはアー、みんなでいろいろなお茶を飲んで、その産地を当てるっていうものだったんですが、だんだん、部屋に注目するようになりました。ウー、部屋の美しさを鑑賞しながらお茶を飲む。ウーン、それが、茶道の始まりだったんですね。エー、マア、でも、茶道を楽しむことができたのはほんの一部の人だけでした。★（以下、省略）

（4）「反応」に焦点を当てた活動例：〈ペアで対面聴解〉

1対1の対面で、話し手が料理の作り方、ゲームのやり方などを話して聴かせるが、その際、聴き手は必要に応じてあいづちを打ったり、反応（驚き、感心、納得、共感

など)を示すように指導する。また、理解しにくかったことについて聞き返しの質問をするよう促す。以下の例では、「だし汁の作り方」を説明するテキストに、【　】で聴き手の発話が挿入してあるが、学習者にはこのようなモデルを先に聴かせて、あいづち、反応、質問のしかたを学習させてからペアで実践させる。

例:「だし汁の作り方」

「だし」って聞いたことがありますか。【いえ、何ですか。】「だし」っていうのは日本のスープのことです。【ああ、スープ】味噌汁を作るのにも煮物を作るのにも「だし」を使って作ります。【ええ】たとえば、「だし」で野菜を煮て、味噌を溶いたのが味噌汁です。【ああ、味噌汁を作るのに「だし」を使うんですね。】ええ、で、煮物は、「だし」で野菜や肉や魚などを煮て、砂糖やしょうゆなどで味をつけたものです。【「にもの」っていうのは…】野菜なんかを「煮る」「煮ます」「煮た物」、で、煮物です。【あ、はい、わかりました】で、「だし」の材料ですが、昆布とかつおぶしです。【あのう、「こんぶ」っていうのは、聞いたことがないんですけど…】あ、昆布は、海でとれる海草です。【ああ、じゃあ、「のり」も海草ですね。「こんぶ」は「のり」のようなものですか。】そうです、そうです。で、かつおぶしは「かつお」っていう魚を干して作るものなんですね。【はあ】この位の大きさの堅いものですが、【はあ】それを削って使います。【あのう、「かつおぶし」っていうのは、小さい魚ですか】いえ、小さくはないですよ。この位かな、大きい魚を切って干したものがかつおぶしです。【あ、はい。】(以下、省略)

(B) 複数のストラテジーを導入した総合的な活動

次のガイドラインに沿って行った。

前作業
(a) テキストの内容について学習者が持っている知識や情報、経験を引き出す。
(b) テキストに関連した絵や写真を利用して、内容を予測させる。
(c) キーワードを確認する。ただし、知らない語をすべて説明するのではなく、文脈から推測できそうな語は本作業で推測させる。

(d) 聞く前に質問を与え、聞きとりの目的を意識させる。

|本作業|
(e) 聞く前に予測したことが正しかったかどうか確認させる。
(f) 1度目に聞くときは大意をとることに集中させ、細部の理解は2度目以降の聞きとりで確認する。
(g) 知らない語や聞き取れなかった部分を推測させる。
(h) 十分理解できなかったことについて質問させるなど、自分の理解をモニターする習慣をつける。

|後作業|
(i) 聞いた内容について意見や感想を言ったり、書いたりする。
(j) 聞いた内容に関連して学習者が持っている知識や情報を発表させる。
(k) テキスト中の単語や表現を学習する。(テキストの空白うめ・再話・ロールプレイなど)

以下に、典型的な例として、昔話の『かさじぞう』をテキストとした活動例を示す。

教室活動例

前作業　話を聞く前に、考えてください。
1. これから聞く話は「かさじぞう」と言う日本のむかし話です。「かさ」と「じぞう」は知っていますか。絵を見て確認してください。
2. 「かさ」は、何で、どのように作ると思いますか。何のために使いますか。
3. 「じぞう」は、よく道に立っています。何のためだと思いますか。
4. このおじいさんとおばあさんはどんな人たちだと思いますか。この絵からわかることを話し合ってください。
5. ②の絵を見てください。おじいさんはどこへ行くのだと思いますか。おばあさんに何と言ったと思いますか。
6. ①〜④の絵を見て、グループでどんな話か考えてください。

本作業　では、話を聞いてみましょう。
7. あなたが考えた話とどんなところがちがいましたか。
8. もう一度聞くときにあなたが知りたいことを質問にしてみましょう。
9. もう一度聞いて、次の質問に答えてください。

9-1. おじいさんがかさを売りに行ったのは、いつでしたか。
9-2. おじいさんは何を買いたいと思っていましたか。それは、なぜですか。
9-3. おじいさんはおじぞうさんを見て、何をしましたか。それは、なぜですか。

では、話の続きを聞きます。
10. 次の「かさじぞう」(後半)の話には、まちがいがふくまれています。聞いて、まちがいを探してください。まちがいは内容に関することで、文法などのまちがいではありません。
（1） まず、1回目の聴解では、まちがいの数を数えてください。まちがいの数は他の人と同じでしたか。
（2） もう一度聞きます。今度は、まちがいのあるところで手をあげてください。そして、あなたが「まちがい」だと考えた理由を言ってください。

もう一度聞いて、次の質問について考えてください。
11. 「よういさ。よういさ。」というのは誰の声でしょうか。「よういさ。よういさ。」は、どんなときに言うことばだと思いますか。
12. 「ドスン」というのは、どんなときにする音だと思いますか。次の音は、どんな

ときにする音でしょうか。左と右を線でむすんでください。

　　　ドスン　　・　　　　　・コインをおいたり、おとしたりしたとき
　　　チャリン　・　　　　　・ドアをつよく閉めたとき
　　　ガチャン　・　　　　　・ガラスをわったとき
　　　バタン　　・　　　　　・重いものをおいたとき

後作業

13. 絵を見ながら、テキストの話を自分のことばで話してみましょう。1つの絵について、1人の人が話し、次の人が続きを話すようにして、クラス全員で協力して最後まで話してください。
14. 次は、テキストを見ながら聞いてみましょう。あなたが話したときに使わなかったことばは何ですか。
15. このむかし話は人々にどんなメッセージを伝えようとしていると思いますか。あなたの国にも同じような話があったら、紹介してください。

テキスト

かさじぞう

国際交流基金「みんなの教材サイト」http://momiji.jpf.go.jp/kyozai/index.php から

　昔々あるところに貧乏なおじいさんとおばあさんがいました。おじいさんは、毎日あみがさを作って町で売っていました。ある年の大晦日におじいさんはあみがさを五つ売りに行きました。出かける前におばあさんに言いました。「かさを売って、お正月の餅を買ってくるよ。」それを聞いて、おばあさんは「じゃあ、待っています。いってらっしゃい。」と言いました。

　町の市場はにぎやかでした。でも、おじいさんのかさを買う人はいませんでしたから、おじいさんは餅を買うことができませんでした。夕方、だんだん寒くなって、雪が降ってきました。おじいさんがうちへ帰る途中で大雪になりました。道に並んでいるおじぞうさんの頭や肩の上に雪がたくさん積もっていました。おじいさんはおじぞうさんがかわいそうだと思って、持っていたかさをおじぞうさんにかぶせてあげまし

た。でも、おじぞうさんは六人でかさは五つしかありませんでした。おじいさんは、自分のかさをぬいで、最後のおじぞうさんにかぶせて、うちへ帰りました。
　おばあさんは雪で真っ白になったおじいさんからおじぞうさんとかさの話を聞いて、「それはいいことをしましたね」と言いました。二人は貧しい晩ご飯を食べて、寝ました。今日はお正月の晩なのです。
　その日の夜遅く、外から「よういさ。よういさ。」という声が聞こえてきました。声はだんだん大きくなって、おじいさんのうちの前で止まりました。それから、ドスンという音がしました。おじいさんとおばあさんは起きて、戸を開けました。うちの前に大きい荷物が置いてありました。そして、向こうの方に六人のかさをかぶった人たちが見えました。その人たちは町のほうへ歩いていきました。だんだん暗くなってきました。
　おじいさんとおばあさんは、荷物を開けました。そこには、お正月の餅や魚や宝物がたくさん入っていました。おばあさんはおじいさんを起こしました。そして、二人はいいお正月を迎えることができたということです。
（下線は誤りの文）

利用した市販教材：

太田淑子ほか(1992)『毎日の聞きとり50日：中級日本語聴解練習』凡人社
小出慶一(1993)『日本語を楽しく読む本・中上級』産能短期大学国際交流センター
小林典子・フォード丹羽順子・高橋純子・梅田泉・三宅和子(1995)『わくわく文法リスニング99：耳で学ぶ日本語』凡人社
小山悟(2002)『J.Bridge to intermediate Japanese』凡人社
文化外国語専門学校編(1994)『文化中級日本語Ⅰ』凡人社
文化外国語専門学校編(1997)『文化中級日本語Ⅱ』凡人社
文化外国語専門学校編(1991)『楽しく聞こうⅠ』文化外国語専門学校
ボイクマン総子・宮谷敦美・小室リー郁子(2006)『日本語生中継：聞いて覚える話し方　初中級編1』くろしお出版
宮城幸枝・三井昭子・牧野恵子・柴田正子・太田淑子(1998)『毎日の聞きとり50日：初級日本語聴解練習』凡人社

宮城幸枝・三井昭子・牧野恵子・柴田正子・太田淑子（2003）『毎日の聞きとり plus40：中上級日本語音声教材』凡人社

　なお、この研究で用いた教室活動の多くは、国際交流基金日本語教授法シリーズ第5巻『聞くことを教える』（ひつじ書房）〈2008年2月刊行〉で紹介した。

第5章
聴解の学習体験が
学習観・指導観に及ぼす影響

本研究は、日本語国際センターが招聘した非母語話者現職教師（NNJLT）23名を対象とし、約6ヶ月の再教育（実質的な授業期間は約4ヶ月半）の中で行った過程重視の聴解指導の効果を検証するものである。本章では、再教育を経たNNJLTの学習観および指導観の変容を調査した【研究3】について述べる。

5.1 研究目的と研究方法

5.1.1 研究課題の設定
【研究1】【研究2】では、23名のNNJLT自身の聴解過程の変化を検証した。本研究全体の目的は、聴解の新規学習体験が教師としてのNNJLTにどのような内省を引き起こし、その学習観・指導観にどのような影響を与えるかを検証することにある。

　本研究の調査対象であるNNJLTの再教育には、次の3つの課題がある。①指導講師と受講教師が国や文化、言語教育環境を異にすることから、両者の間に指導観に関する情報や認識の違いがあること。②日本語が第2言語である再教育受講環境と日本語が外国語である実際の教育環境が異なること。③調査対象のNNJLTの日本語運用力がさほど高くないことから、教授法理論に関する議論など、抽象的で深い思考を要する伝達や意見交換が成立しにくいこと。NNJLTの再教育の目的は、受講教師の認識を指導講師と同一に

することではなく、受講教師の学習観・指導観に内省を求め、視野を広げた上で自らの教育現場に合った学習観・指導観を再構築していくことである。新規学習体験は、上記の課題①②を受けた上で、異質の体験による自己の客観化を求め、自身の学習観・指導観の再構築を援助することを狙いとしている。我々は、異国・異文化を見聞するという「異文化体験」を通して母国・母文化を客観視することができるが、教授活動についても、自国とは異なる環境で、新しい方法論に接触することで自らの学習観・指導観を省みることができると考えられる。また、課題③を受け、教授法の直接的な議論や理論学習ではなく、学習体験を通しての学習観・指導観の再考を促すものである。

2章の先行研究で確認したように、NNTの目標言語学習は、教師としてのビリーフや認識を形成し、教育実践の大きな決定要因となることが指摘されている (Freeman & Johnson 1998; Freeman & Richards 1996; Velez-Rendon 2002 等)。また、NNTの再教育における目標言語学習については、受講教師側からの強い要望がある (阿部・横山 1991、Berry 1990; Murdock 1994) のみならず、指導講師側からも受講教師の指導観に内省を促すものとして、その効用を主張する多くの報告がある (八田 1995; Bax 1997; Berry 1990; Cullen 1994; Flowerdew 1998; Wright 1991 等)。しかし、これまでのところ、実証的なデータに基づいてその効果を検証する研究は現れていない。

本章で報告する【研究3】では、過程重視の聴解指導という新規学習体験を経たNNJLTの学習観・指導観の変容を調べる目的から、次の5つの具体的な研究課題を設けた。

（1）海外で日本語を学習したNNJLTは、学習者としてどのような聴解指導を受けたか。
（2）学習者として受けた聴解指導は、自身の聴解指導にどのような影響を与えたか。
（3）過程重視の聴解指導による新規学習体験は、NNJLTの聴解学習観をどのように変容させるか。
（4）過程重視の聴解指導による新規学習体験は、NNJLTの聴解指導観を

どのように変容させるか。
(5) 過程重視の聴解学習体験による聴解過程の変化は、聴解学習や指導に関する意識の変化とどのような関連があるか。

5.1.2 調査対象者

23名の調査対象者は、2003年度および2004年度に日本語国際センターで約6ヶ月の再教育プログラムを施行したNNJLTであるが、プログラムで行われた授業の種別と時間数は表5-1の通りである。「教授法」は、NNJLTの教師としての知識や技能に焦点を当て、教室活動の方法論や教材分析、模擬授業等を行う科目だが、聴解指導を扱う時間は、2003年度、2004年度ともに2～3時間しかなく、特に過程重視の聴解指導を扱ってはいない。

表5-1 調査対象者が受けた再教育プログラムの各科目時間数

科目名	03年度(N=12)	04年度(N=11)
日本語関連科目	180時間	180時間
総合日本語	87	84
文法	45	51
読解	24	24
聴解会話	24	21
教授法	78時間	68時間
選択	58時間	64時間
日本事情等特別講義	17時間	21時間
HR／個別指導	36時間	37時間
計	369時間	380時間

5.1.3 調査方法

以下に詳述する3種のデータを採取した。また、意識調査と聴解指導の教案については、必要に応じてフォローアップ・インタビューを行い、記述内容の根拠等について聞き取った。

5.1.3.1 インタビュー

上述の研究課題(1)(2)への解答を得る目的から、調査対象者のうち、2004年度に再研修を受けた11名に次の質問を行った。インタビューの時期は、約6ヶ月の再教育期間の後半である。日本語でのインタビューが難しいと思われる調査対象者には通訳を介した。11名の国籍は、インドネシア5名、タイ、カンボジア、ベトナム、ネパール、マダガスカル、グルジア各1名である。

Q1：あなたが学習者だった時（教師になる前）、聴解の授業はどのように行われましたか。

Q2：いま日本で受けている聴解の授業は、あなたが（国で）学習者として受けた聴解の授業とくらべて、ちがう点がありますか。あるとすれば、どうちがいますか。

Q3：あなたが教師として聴解を教えた時、どのように教えましたか。あなたが学習者として経験した聴解の教え方は、あなたが教師として行う教え方にどんな影響を与えましたか。

5.1.3.2 意識調査

上述の研究課題(3)(4)の解答への手がかりの一つとして、23名全員を対象に、再教育前後の2回、多肢選択記述方式の意識調査を行った。事前調査は再教育開始直後に行い、再教育終了後の事後調査では事前調査の回答のコピーを配布して「考えの変わったところがあったら修正してください」という指示で加筆修正してもらった。調査内容は次の通りである[1]。処遇を経た意識の変容を調査する先行研究（岡崎1996等）では、処遇後（すなわち2回目）の調査でも白紙の調査用紙に回答を求め、1回目と2回目の回答の違いを調べるのが一般的だが、本研究では、指導前後に単なる偶然による回答差が生じることを避け、意識的な内省に基づいた変化を抽出する目的から、上述のような調査方法を採用した。

Q1：もっとよく聞けるようになるために大事なことは何だと思いますか。次の中で大事だと思うものを3つまでえらんで、大事だと思う順番に（　　）に1, 2, 3の番号をつけてください。ここに書いてある以外にあなたが大事だと思うことがあったら、最後の下線部分に書いてください。
（　）文字を見ながら音を聞いて、正しい発音を確認すること
（　）単語や文法をたくさんおぼえること
（　）日本語でたくさん会話すること
（　）同じテープを何度も聞くこと
（　）文字は見ないで、音に集中して聞くこと
（　）聞いたことをくりかえして、言ってみること
（　）聞いたことを書きとること
（　）聞いた後でテキスト（文字）を見て、わからなかった部分を確認すること
（　）少しぐらいわからないところがあっても気にしないで、全体の意味に注意して聞くこと
（　）＿＿＿＿＿＿＿＿＿＿＿＿＿＿＿＿＿＿＿＿＿＿＿＿＿＿＿＿＿＿＿＿

Q2：聴解授業での教師の役割として大事なことは何だと思いますか。次の中で大事だと思うものを3つまでえらんで、大事だと思う順番に（　　）に1, 2, 3の番号をつけてください。ここに書いてある以外にあなたが大事だと思うことがあったら、最後の下線部分に書いてください。
（　）学習者が興味を持つ内容のテキスト（テープ）をえらぶこと
（　）どんな質問をどんな順番でするかよく考えておくこと
（　）学習者がわからないテキスト（テープ）の単語や表現について、教師が説明すること
（　）学習者が理解できるまでテープを何度も聞かせること
（　）学習者がテキスト（テープ）を理解したかどうかチェックすること
（　）聞いた内容について、学習者の意見や感想をひきだすこと
（　）＿＿＿＿＿＿＿＿＿＿＿＿＿＿＿＿＿＿＿＿＿＿＿＿＿＿＿＿＿＿＿＿

一番大事だとして「1」をつけた項目には3点、「2」には2点、「3」には1点として回答を点数化した。

5.1.3.3 聴解指導の教案

上述の研究課題(4)への解答を探る目的から、再教育の前後に聴解の教案を書いてもらった。事後調査では事前調査の回答のコピーを配布して「考えの変わったところがあったら修正してください」という指示で加筆修正してもらった。この調査方法の趣旨も上述の意識調査と同様である。調査における指示は次の通りである[2]。

あなたが次のテキスト[3]を使って聴解授業を教えるとしたら、どのような質問を作りますか(ここで音声テープを1回聞く)。聴解ですから、学習者が聞くのはテープの音だけで、下のような文字のテキストは見ません。下のテキストは、教師が授業の準備をするためのものです。

このテキストは、学習時間200時間程度(学習語彙1000語程度)の学習者のために作られています。「画面」「値段」「給料」「喫茶店」「番組」という単語はまだ勉強していません。このことも考えに入れて、質問を作ってください。

質問には(学習者に対する必要を考えて)母語を使ってもいいです。

＊＊＊＊＊＊　＊＊＊＊＊＊　＊＊＊＊＊＊　＊＊＊＊＊＊　＊＊＊＊＊＊　＊＊＊＊＊＊

日本ではじめてテレビ放送があったのは、約50年前です。はじめてテレビを見た人たちは、とてもびっくりしたそうです。たとえば、「これは見ることができるラジオだ」と言った人がいました。また、テレビの箱の中に人がいて、画面を動かしていると思った人もいたそうです。

50年前にはじめてテレビ放送をしたとき、日本にあったテレビは、全部で800台ぐらいでした。そして、テレビの値段は、安いものでも25万円でした。いまは安いテレビなら3万とか4万ですから、とても高かったですね。それに、50年前は、サラリーマンの給料が1ヶ月3万円ぐらいでしたから、

> 25万円は給料8ヶ月分以上です。だから、ふつうの人たちはだれもテレビを買うことはできなくて、喫茶店やレストランなどでテレビを楽しんでいました。人気のあるテレビ番組を放送する時間には、たくさんの人がテレビのある喫茶店にコーヒーを飲みに行きました。
> 　いまはほとんどのうちにテレビがあり、日本人の生活はテレビによって大きく変わりました。

5.2　結果

上述の研究課題(1)～(5)に沿って、結果を報告する。

5.2.1　学習者として受けた聴解指導

まず、23名の基礎データから、学習時に使用した初級日本語教科書と聴解教材をまとめると表5–2の通りである[4]。初級学習時に聴解専用教材を使った経験のある者は少なく、聴解専用教材名を挙げた2名以外は、初級学習時にはまったく聴解を行わなかったか、あるいは左欄に挙げた教科書の本文会話、ドリル部分の録音などを用いている。

　次に、11名に対して行ったインタビューの中で「あなたが学習者だった時、聴解の授業はどのように行われましたか。」という質問に対する回答に

表5–2　調査対象者の学習時の使用教材

初級学習時使用の 日本語教材		初級学習時使用の 聴解教材	
日本語初歩	9名	毎日の聞きとり	1名
新日本語の基礎	4名	日本語聴解**	1名
みんなの日本語	4名		
日本語*	2名		
その他	4名		

　*ゴロブニン著(Nauka)　　　　　　　　　N=23
　**ハノイ国家外国語大学　　　　　　　　複数回答あり

ついて報告する。聴解練習を始めた時期と頻度は表5-3の通りで、約半数は学習の初期から定期的に（概ね週に1回程度）聴解練習をしたと回答している。一方、「教科書の3〜4課分の学習が終わると、（月に1回程度の頻度で）本文の録音テープをまとめて聴いた。」など、聴解練習は不定期にしか行わなかったと回答した者が3名いる。また、「2年目まではまったくテープを聴かなかった」「××（自国）にはテープもCDもない。テープは試験の時しか聴かなかった。」と回答し、初級学習時には聴解練習をしなかった者が2名いる。聴解に用いた教材は、表5-2からもわかる通り、ほとんどが教科書の本文やドリルの録音テープである。聴解指導の進め方に関する自由回答の内容を表5-4〜表5-6にまとめた。テキストのスクリプトについては、半数以上の者が「文字を先に見てから聴く」あるいは「文字を見ながら聴く」のが普通であったと回答した。テープの聴き方としては、「文型練習の一環として聴く」「文字で学んだ内容を音で確認する目的で聴く」など、聴解の目的がテキスト内容を理解することではなく、言語形式の学習として

表5-3 聴解学習の開始時期と頻度

初歩から定期的に	6名
聴解は不定期にしか行わなかった	3名
学習がある程度進んでから	2名

N=11

表5-4 学習時の聴解指導の進め方(1)：スクリプトの扱い

文字を先に見る／文字を見ながら聴く	6名
文字は見ないで聴く	2名
不明（よく憶えていない等）	3名

N=11

表5-5 学習時の聴解指導の進め方(2)：テープの聴き方

文型練習の一環として	3名
文字で学んだ内容を音で確認	2名
短く区切って聴く	2名
まとまった長さのものを聴く	1名
LL教室で個別のペースで	1名
不明（よく憶えていない等）	4名

N=11　　複数回答あり

表5-6 学習時の聴解指導の進め方(3)：理解確認の方法

日本語での質問に答える	4名
母語での質問に答える	3名
テープについて繰り返す	3名
ディクテーションとして書き取る	2名
スクリプト穴埋め	1名
母語への翻訳	1名
ただ聴くだけ	1名

N=11　　複数回答あり

行われた場合が大勢を占める。また、「短く区切って聴く」ということを明示的な特徴として挙げた者は 2 名に過ぎないが、理解確認の方法(表 5-6)として「テープについて繰り返す(3 名)」「ディクテーションとして書き取る(2 名)」という回答にも表れているように、1 文ずつ(あるいはさらに短い単位で)区切って聴くことが普通であった者が少なからずいる。

　以上のことから、調査対象者が自国で日本語を学んだ際、聴解の機会は全体に乏しく、内容理解よりも言語知識の拡充に重点が置かれていたと言える。このような環境で日本語を学んできた調査対象者は、4 章で述べた事前テスト(日本語能力試験)得点で見ると、「聴解」部門は「文字・語彙」部門と比べれば低いものの、「読解・文法」と比べればむしろ高めであり、必ずしも「聴解」だけが目立って弱いわけではない。調査対象者の聴解力養成に貢献した要因として示唆されるのは、教室外での自主的な学習である。インタビューの中で、自分の日本語力向上に役立ったのは、教室外での日本人との会話だと語った者が 4 名いる。彼らの出身地域は必ずしも日本人滞在者が多いところではないが、日本人観光客をつかまえて話し相手になってもらったり、観光案内を買って出たりして、自ら積極的に日本語で話す機会を作り出した。また、自分で録音テープを持っていた者は、自宅で繰り返しテープを聴くなどして、教室における聴解指導の不足を自ら補ったと思われる者が少なくない。

　インタビューでは、「いま日本で受けている聴解の授業は、あなたが(国で)学習者として受けた聴解の授業とくらべて、ちがう点がありますか。あるとすれば、どうちがいますか。」という質問も行ったが、この質問に対する回答からも、調査対象者の学習時の指導内容が浮き彫りになる。日本で受けている聴解授業が国で受けた授業と異なる点について、調査対象者の自由回答を表 5-7 にまとめた。「聴く前にトピックについて話し合うこと」「聴いた内容について意見を言うこと」「聴いた内容を再話すること」などについて、「初めて経験して印象的だ」「国のやり方とは違って効果的だ」などと語られた。また、「文字を見ないで聞くこと」「内容に焦点を当てて聴くこと」を挙げた者が少なくないことも、言い換えれば、自国での聴解学習では、文字を見ながら聴いたり、内容ではなく言語に焦点を当てて聴いたりすることが普

表 5-7　日本で受けている聴解授業と自国で受けた
聴解授業の違い

聴く前にトピックについて話し合う	6名
聴いた内容について意見を言う	5名
聴いた内容を再話する	5名
文字を見ないで聴く	4名
内容に焦点を当てて聴く	4名
区切らずに長い話を聴く	2名
文法項目が自然に組み込まれている	2名
多岐選択の回答方式が用意されている	1名
スクリプトがあるのでわからなかったところを後で確認できる	1名
1クラスの学習者数が少ない	1名

N=11　　　　　　　　　　　　　　　　　　　　　複数回答あり

通であったことを示している。

　以上の結果に基づいて、研究課題(1)「海外で日本語を学習した NNJLT は、学習者としてどのような聴解指導を受けたか」に対する結果は、次のようにまとめることができる。

① 全体的に聴解軽視の傾向があり、聴解の機会やテキスト内容が乏しい。
② 学習済みの言語表現を音声で確認することを目的とした聴解が中心であること、学習の初期には聴解指導を行わない場合もあることなどから、聴解は言語習得の源泉だとは考えられておらず、言語知識を積み上げれば聴くことができるようになるという聴解観が基盤になっている。
③ 言語知識を拡充し、理解をチェックするという「結果」重視の聴解指導観が基盤になっており、理解の過程を促進するような指導は行われていなかった。

5.2.2　教師としての聴解指導

まず、23名の基礎データから、教授時に使用している初級日本語教科書と聴解教材をまとめると表 5-8 の通りである[4]。

　インタビューを行った11名の中で聴解指導の経験があるのは6名であ

表 5-8　調査対象者の教授時の使用教材

教授時使用の日本語教材		聴解授業担当経験の有無		教授時使用の聴解教材	
みんなの日本語	11名	有	14名	毎日の聞きとり	7名
新日本語の基礎	4名	無	9名	みんなの日本語	6名
日本語初歩	4名			新日本語の基礎	3名
その他	4名			楽しく聞こう	2名
				その他	4名

N = 23
複数回答あり

る。「あなたが教師として聴解を教えた時、どのように教えましたか。あなたが学習者として経験した聴解の教え方は、あなたが教師として行う教え方にどんな影響を与えましたか。」という質問に対する6名の回答について報告する。回答は自由に語ってもらったが、6名中5名が「自分が教えられたように教えた」と答え、残り1名は「自分を教えた教師ではなく、教師になってから出会った日本人派遣教師の影響を受けた」と答えた。Berry (1990)、Velez-Rendon (2002)等が指摘するように、NNTの教授法に最も強い影響を与えたのは自分自身の目標言語学習であることが確認された。一方、自らが受けた聴解指導にはあまり効果がなかったと考える者が多く (10／11名)、基本的な方法は自らが受けた指導方法を踏襲しながらも、全員が次に挙げるような独自の工夫を加えている。

　　文字は見ないで聴かせた (2名)
　　日本の歌を聴かせた (2名)
　　聴解の頻度を増やした (1名)
　　文脈から推測することを教えた (1名)
　　日本人ビジターと話す機会を作った (1名)
　　テープを聴く前にトピックを導入した (1名)
　　視覚教材を使うなどして、キーワードをわかりやすく導入した (1名)
　　ペアワークを導入した (1名)
　　緊張させないよう配慮した (1名)　　　　　　＜複数回答あり＞

研究課題(2)「学習者として受けた聴解指導は自身の聴解指導にどのような影響を与えたか」に対する結果は、次のようにまとめることができる。調査対象者の聴解指導方法には、学習時に受けた聴解指導が大きな影響を与えていると言えるが、同時に、自らが受けた聴解指導の弱点を補うべく、独自の工夫を加えていることが指摘できる。基本的な聴解指導方法は学習経験から受け継ぎ、それが不十分だという意識を持ちながらも、自らの方法を理論的に検証したり、他の方法と比較対照したりするための情報を持たず、個人の学習体験から会得した方法を加味して聴解指導を行っている。

5.2.3　新規学習体験による聴解学習観の変容

調査対象者23名全員に対して行った意識調査のうち、「もっとよく聞けるようになるために大事なことは何だと思いますか」という質問に対する多肢選択の回答を点数化して平均値を出した (図5–1)。まず、事前調査の結果を見ると、効果的な聴解学習の条件として「単語や文法をたくさんおぼえること」という回答が突出して多く、「5.2.1 学習者として受けた聴解指導」で確認された特質を反映し、言語知識の積み上げが聴解力の向上につながるという意識が強く見られる。

　一方、事前と事後の結果を比較すると、次の2点について目立った変化が観察され、事前と事後の点数の平均値について t 検定を行ったところ有意差が認められた。

① 効果的な聴解学習の条件として「単語や文法をたくさんおぼえること」という回答が減少 ($t(22) = 2.79, p < .01$)
② 効果的な聴解学習の条件として「少しぐらいわからないところがあっても全体の意味に注意して聞くこと」という回答が増加 ($t(22) = -2.42, p < .05$)

　研究課題(3)「過程重視の聴解指導による新規学習体験はNNJLTの聴解学習観をどのように変容させるか」に対しては、次のような結果が得られた。すなわち、聴解力は言語知識の積み上げの末に養成されるものだとする

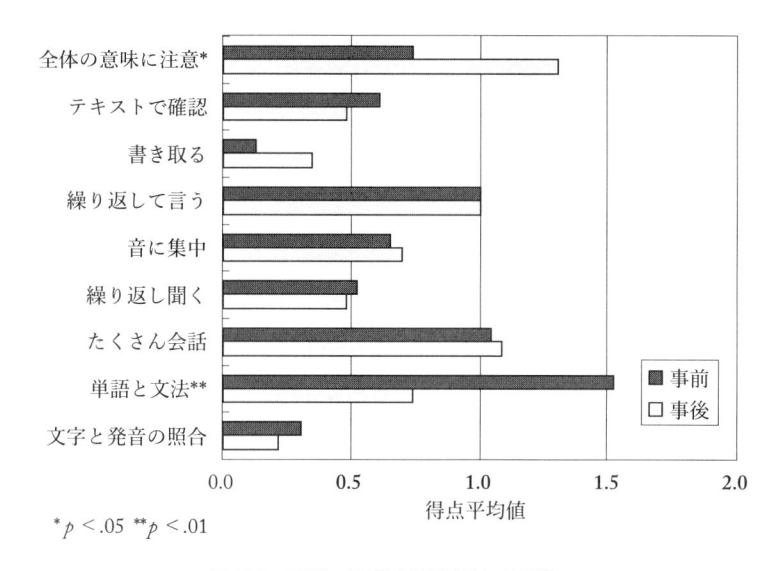

図 5-1　事前・事後の意識調査の回答：
　　　　もっとよく聞けるようになるために大事なこと

$^*p<.05$　$^{**}p<.01$

意識が減退したこと、一方で、内容理解に重点を置いた聴解に対する意識が高くなったことが確認された。その他の項目については、新規学習体験による目立った影響は観察されなかった。

5.2.4　新規学習体験による聴解指導観の変容

調査対象者 23 名全員に対して行った意識調査のうち、「聴解授業での教師の役割として大事なことは何だと思いますか」という質問に対する多肢選択の回答を点数化して平均値を出した（図 5-2）。まず、事前調査の結果を見ると、「学習者がわからないテキスト（テープ）の単語や表現について、教師が説明すること」「学習者がテキスト（テープ）を理解したかどうかチェックすること」という回答が突出して多い。「5.2.1 学習者として受けた聴解指導」「5.2.2 教師としての聴解指導」で確認された特質を反映し、言語知識の増強と聴解結果の確認を聴解授業の重要な目的として捉える意識が強く見られる。

　一方、図 5-2 に見るように、この質問に対する回答は、指導の前後でほ

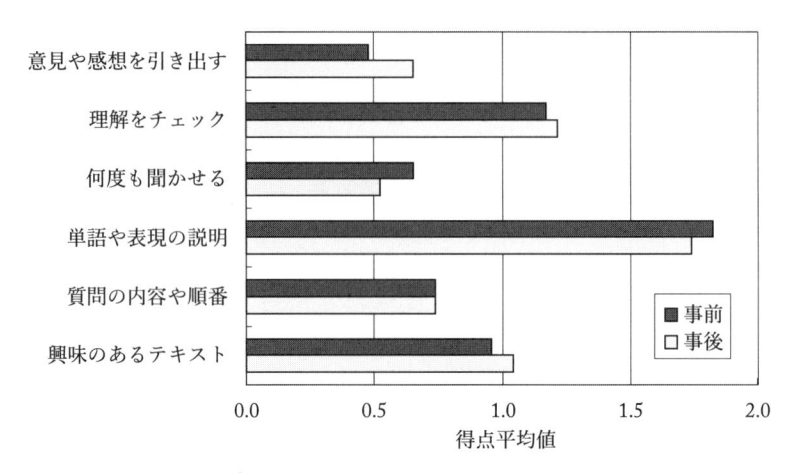

図 5-2 事前・事後の意識調査の回答：
聴解授業での教師の役割として大切なこと

とんど変化がない。「学習者がわからないテキスト（テープ）の単語や表現について、教師が説明すること」「学習者がテキスト（テープ）を理解したかどうかチェックすること」は事後においても点数が高く、聴解授業の欠かせない要素であると捉えられている。意識調査の回答に目立った変化がなかったことについては、5.3.4 で考察する。

次に、聴解指導観の変容を調べるもう一つのデータとして、聴解教案の再教育前後の変化を調べた。教案に書かれた各活動について、次の 3 つの観点から分類した。

① 各活動の対象が「言語知識」か「テキスト内容」か
「言語知識」の例： 聴く前に未学習語を説明する／テープを聴いてわからない言葉について説明する／テキストの文型を使って例文を言わせる
「テキスト内容」の例：聴く前にテキストのテーマについて話し合わせる／テープを聴いて内容理解の質問をする／聴いた内容について学習者の意見や感想を言わせる

② 各活動の方向性が学習者側の「受信」か「限定発信」か「自由発信」か
「受信」の例：　　聴く前に質問に目を通させる／テープを聴いてわからない言葉について説明する／スクリプトを見ながらテープを聴かせる
「限定発信」の例：聴く前に新出語彙の意味を選択肢から選ぶタスクをさせる／テープを聴いて内容理解の質問をする／スクリプトの空白を埋めさせる
「自由発信」の例：聴く前にテキストのテーマについて話し合わせる／テープを聴いて理解できなかった言葉について推測させる／聴いて理解したことを再話させる
③ 各活動の目的が聴解の「結果志向」か「過程志向」か
「結果志向」の例：聴く前に未学習語を説明する／テープを聴いて内容理解の質問をする／文を繰り返せるようになるまで何回も聴かせる
「過程志向」の例：聴く前にテキストのテーマについて話し合わせる／テープを聴いてわからないことがあったら質問させる／聴いた内容について学習者の意見や感想を言わせる

それぞれの活動について上記の3つの観点から分類すると、たとえば次のような分類になる。

例1：聴く前に新出単語について母語で説明する：言語知識／受信／結果志向
例2：テープを聴いてから新出単語について質問し、文脈から推測させる：言語知識／自由発信／過程志向
例3：2回目の聞き取りでは、1回目にわからなかった点に注意して聴くように言う：内容／受信／過程志向
例4：聴いた内容についてペアで意見を交換する：内容／自由発信／過程志向

書かれた教案から判断が難しい場合は、フォローアップ・インタビューで活動の狙い等について聞いた。その結果、たとえば「聴いて理解したことを再話させる」という活動の対象として、「言語知識の拡充・定着」と「内容理解のチェック」の両方が挙げられれば、「言語知識」「テキスト内容」の両方に分類した。また、同活動の目的として、「言語理解のチェック」と「学習者自身に自分の理解をモニターさせること」の両方が挙げられれば、「結果志向」「過程志向」の両方に分類した。

以上のような分類を行った結果、各調査対象者が教案に書いた活動総数に占める各分類の割合をまとめると、表5-9および図5-3～図5-5のように

表5-9 事前・事後の教案に記述された活動の内容：活動総数に占める分類別割合一覧

N＝23	活動の対象		活動の方向性			活動の目的	
	言語知識	テキスト内容	受信	限定発信	自由発信	結果志向	過程志向
事前	34%	66%	28%	58%	14%	84%	16%
事後	30%	70%	17%	47%	36%	60%	40%
事前・事後間の有意差			**	**	**	**	**

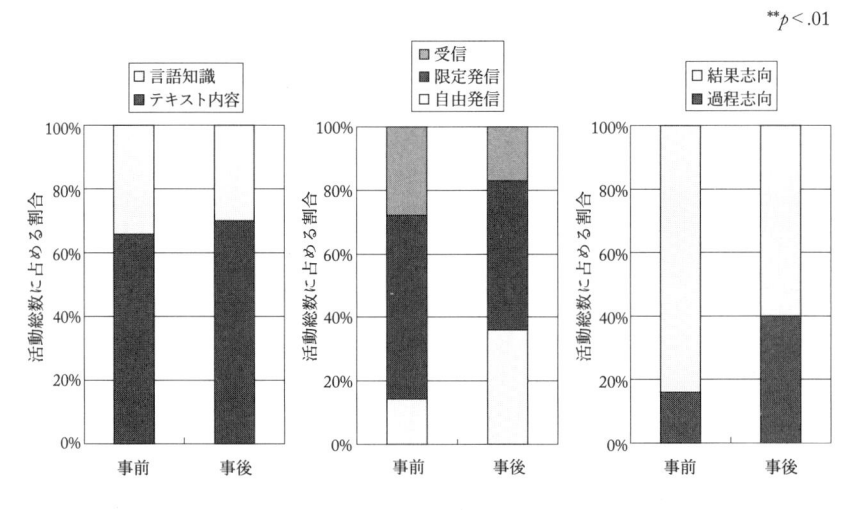

$^{**}p<.01$

図5-3 事前・事後の教案に記述された活動の対象

図5-4 事前・事後の教案に記述された活動の方向

図5-5 事前・事後の教案に記述された活動の目的

なる。活動の方向性という観点から見ると、学習者が「自由発信」する活動の割合が有意 ($t(22) = 5.45, p < .01$) に増加した。また、活動の目的から見ると、聴解の過程を支援する活動の割合が有意 ($t(22) = 6.47, p < .01$) に増加した。

　研究課題 (4)「過程重視の聴解指導による新規学習体験は NNJLT の聴解指導観をどのように変容させるか」については、次のような結果を得た。意識調査のデータからは、再教育前後の変化は現れなかった。しかし、再教育前後の教案に書かれた活動のタイプを分析すると、学習者が「自由発信」する活動および「過程志向」の活動の割合が増加したことがわかった。

5.2.5　新規学習体験の効果と学習観・指導観の変容との関連

5.2.3 および 5.2.4 で確認された学習観・指導観の変容が新規学習体験 (過程重視の聴解指導) の効果と関連があるかどうかを検証するために、新規学習体験によって聴解過程が大きく変わった調査対象者とそうでない調査対象者の学習観・指導観の変容を比較した。【研究 2】の結果、「広範囲モニター」の増大 (平均 5.6%増加) が 5%以上の調査対象者 12 名を「高変化群」、2.5%以下の調査対象者 11 名を「低変化群」とした。

　図 5-6 は、意識調査のうち「もっとよく聞けるようになるために大事なことは何か」に対する事前・事後の回答を群ごとに平均した結果である。事前調査で群間に有意差或いは有意傾向が認められた項目には項目名の左側に「*」或いは「†」を記し、事後調査で群間に有意差が認められた項目には項目名の右側に「*」を記した。高変化群は事前も事後も選択肢の選び方に偏りが少ないのに対し、低変化群の事前の回答は「単語や文法をたくさんおぼえることが大事」「たくさん会話することが大事」に集中しており、一方、事後は「少しぐらいわからないところがあっても全体の意味に注意して聞くこと」が大きく増加している。全体的に低変化群の方が前後差が大きく、聴解学習観に関する変化が大きく現れた。しかし、調査後のフォローアップ・インタビューの内容を検討すると、むしろ高変化群の調査対象者の方が熟慮した末に選択肢を選んでいる傾向があり、この点については 5.3.5 で改めて考察する。

図 5-7 は、意識調査のうち「聴解授業での教師の役割として大事なことは何か」に対する事前・事後の回答を群ごとに平均した結果である。事前、事後ともに高変化群の方が「どんな質問をどんな順番でするかよく考えておくことが大事」とする回答が多いが、それ以外には目立った違いはない。

　一方、事前・事後の教案の分析結果を群ごとに平均すると、表 5-10 および図 5-8 〜図 5-10 のようになる。高変化群は低変化群と比べて、①「自由発信」の活動の割合の増加度が大きい（$t(20) = 1.929, p < .05$）、②「過程志向」の活動の割合の増加度が大きい（$t(21) = 1.944, p < .05$）ことがわかり、①②については群間に有意差が認められた。

　また、事前から事後にかけての「広範囲モニター」の増減と前後の教案に記述された活動に関する分類別割合の増減について相関係数を算出したところ、表 5-11 のようになった。「広範囲モニター」の増減は「自由発信」および「過程志向」の割合の増減と有意な正の相関があり、「広範囲モニター」が増大した NNJLT ほど教案には「自由発信」「過程志向」の活動を多く記述したことがわかった。

　以上から、研究課題 (5)「過程重視の聴解学習体験による聴解過程の変化は、聴解学習や指導に関する意識の変化とどんな関連があるか」については、次のような結果を導くことができる。新規学習体験により聴解過程が大きく変化した調査対象者は、そうでない調査対象者よりも再教育前後の指導観の変容が教案の変化として大きく現れた。また、教案の変化は「自由発信」および「過程志向」を志向するもので、教案記述におけるそれらの変化は「広範囲モニター」の変化と正の相関があった。

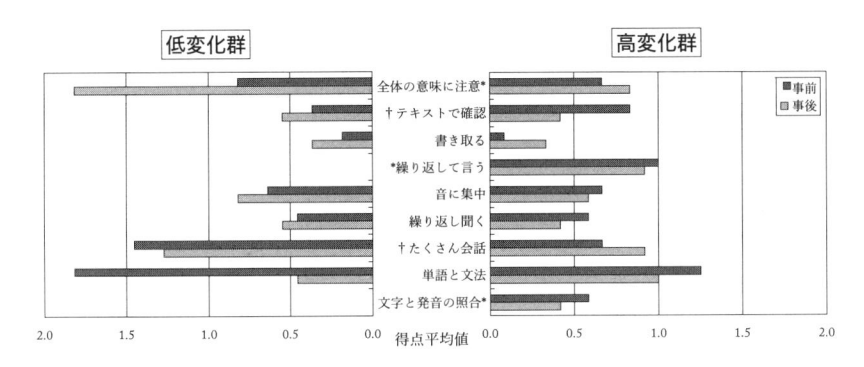

第 5 章　聴解の学習体験が学習観・指導観に及ぼす影響　157

図 5-6　事前・事後の意識調査（1）：もっとよく聴けるようになるために大事なこと
　　　　高変化群と低変化群

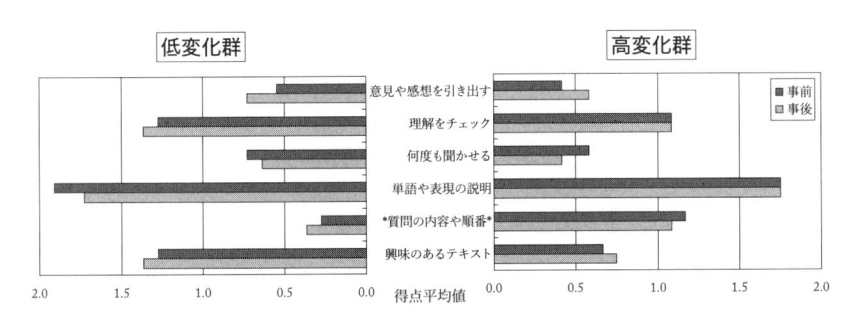

図 5-7　事前・事後の意識調査（2）：聴解授業での教師の役割として大事なこと
　　　　高変化群と低変化群

表 5-10　事前・事後の教案に記述された活動の内容：高変化群と低変化群の比較

		活動の対象		活動の方向性			活動の目的	
		言語知識	テキスト内容	受信	限定発信	自由発信	結果志向	過程志向
高変化群 N = 12	事前	35%	65%	37%	53%	10%	88%	12%
	事後	30%	70%	21%	40%	39%	58%	42%
	事前・事後間の有意差	n.s.	n.s.	*	*	**	**	**
低変化群 N = 11	事前	33%	67%	18%	63%	19%	80%	20%
	事後	29%	71%	13%	54%	33%	63%	37%
	事前・事後間の有意差	n.s.	n.s.	*	*	**	**	**
前後変化の群間の有意差				†高＞低		*高＞低	*高＞低	*高＞低

†$p<.10$　*$p<.05$　**$p<.01$

表 5-11 「広範囲モニター」の増減と教案記述活動の分類別割合の増減との相関係数

言語知識	テキスト内容	受信	限定発信	自由発信	結果志向	過程志向
0.00	0.00	−0.34	−0.16	−0.44	−0.43	0.43
				*	*	*

$^*p < .05$

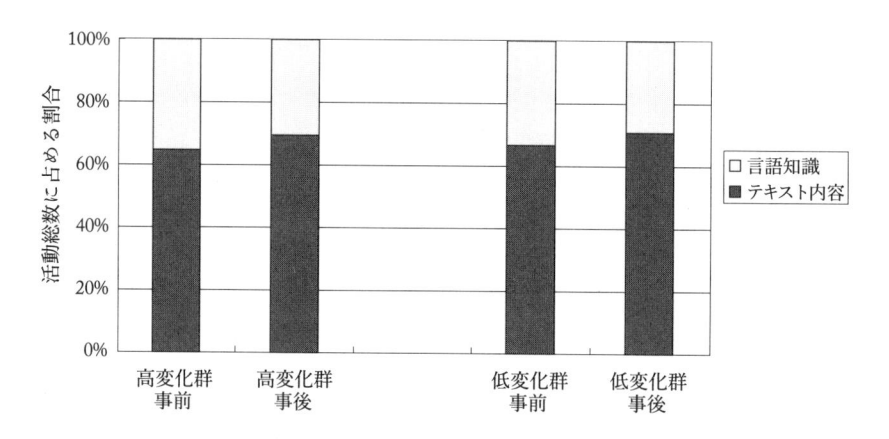

図 5-8　事前・事後の教案に記述された活動の対象：高変化群と低変化群

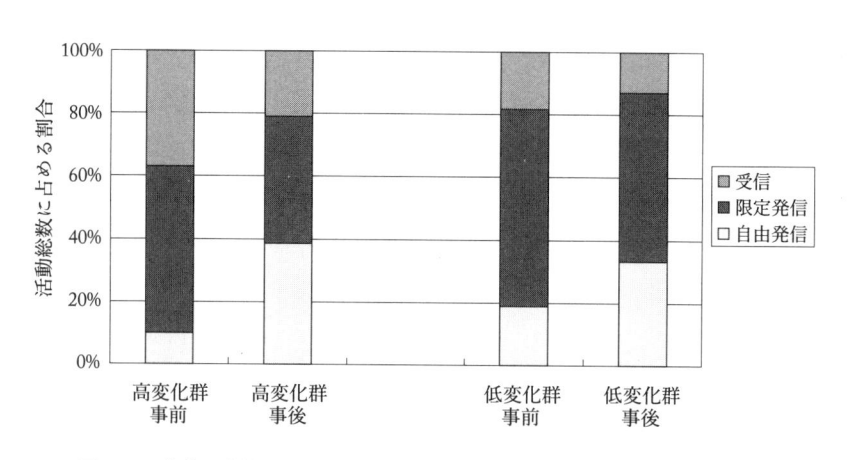

図 5-9　事前・事後の教案に記述された活動の方向性：高変化群と低変化群

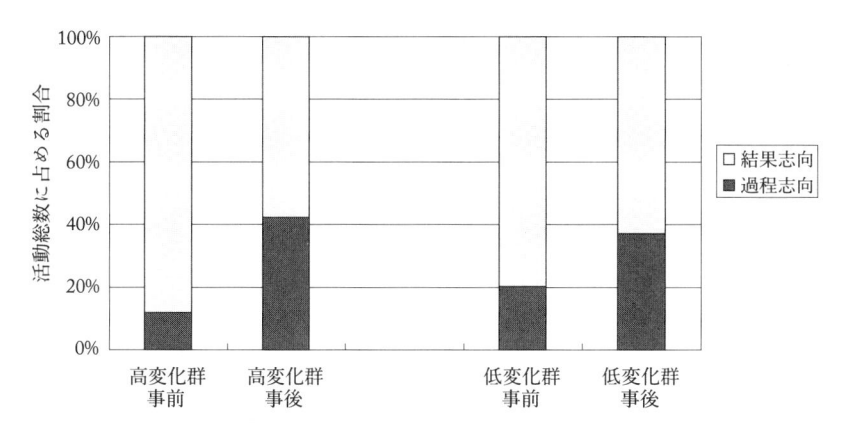

図5-10　事前・事後の教案に記述された活動の目的：高変化群と低変化群

5.3　考察

(1)～(5)の研究課題に沿って考察を進める。

5.3.1　学習者として受けた聴解指導

海外で日本語を学習したNNJLTが受けた聴解指導の特徴として、①聴解軽視の傾向、②言語知識積み上げの一環としての聴解、③「結果」重視の聴解指導などが確認された。第1章で述べたように、海外のJFL環境では、教室外の自然なインプットがないからこそ教室での聴解指導に重点的な工夫がこらされるべきところだが、現実には、聴解はむしろ軽視されていることが明らかになった。中国の大学における日本語聴解授業の実態を調べた尹 (2002a, 2005) が、①聴解授業はテープを流すだけで、教えるテクニックをあまり要しないと考えられていること、②「テープを繰り返して聴き、語彙や文の積み重ねによって、全体の内容を理解させるというボトムアップ型の指導法を取っている」(尹 2005: 43–44) こと等を指摘しているが、アジアを中心とした多くの国々の日本語教育機関でも同様であることが示された。

　調査対象のNNJLTが受けた聴解指導では、聴解は教授すべき技能とは捉えられておらず、言語知識を拡充すれば聴解は自ずから可能になると考えら

れているようである。また、そうした認識の背後には、言語学習は技能の習得であるよりも、言語知識の獲得であるとする言語学習観があると思われる。「もっとよく聞けるようになるために大事なことは何だと思いますか」という意識調査の質問に対する再教育前の回答において、「単語や文法をたくさんおぼえること」という選択肢が群を抜いた高率で選ばれた（図5-1参照）ことは、上述の聴解観の反映だと考えられる。

以上の結果を得たことで、本研究が目指すNNJLTの学習観の変容の初期値が明らかになった。同時に、本研究が再教育の重点として過程重視の聴解指導を取り上げた意義も確認された。

5.3.2　教師としての聴解指導

NNJLTが再教育前に教師として行ってきた聴解指導の特徴は、「自分が教えられたように教えた」という回答に表れている通り、彼らが学習者として受けた聴解指導の特徴と概ね重なる。一方、自らが受けた聴解指導の弱点を補うべく、独自の工夫を加えていることも明らかになった。これらの工夫は、体系的な理論に裏付けされたものではなく、学習経験から会得した方法論だが、「テープを聴く前にトピックを導入した」「文脈から推測することを教えた」「日本人ビジターと話す機会を作った」など、過程重視の聴解指導に一歩近づいたものである。次に引用するのは、2名のNNJLTのインタビューの一部である。なお、引用末尾の記号は、23名のNNJLTを識別するものである。

> どうやって教えたらいいのか何も考えはなかった。自分が教えられた通りに教えた。（自分が学習者だった時は1ヶ月に1回程度しかテープを聴く機会がなかったが）1ヶ月に2回はテープを聴かせるようにしたし、回数も3回は聴かせるようにして、聴く機会を増やしたが、聴かせ方は同じで、文字で勉強した内容を音で聴いただけである。自分で工夫したことは、わからない言葉があったら文脈から推測することを教えたこと。自分自身の学習の中で、推測することが大事だと気がついたからだ。〔S〕

自分が教えられたように教えた。学生たちはクラスの中で話せても、日本人と会うと緊張してしまって話せない。自分が聴くことを苦手だとか怖いとか思わなかったのは、(教室の外で)日本人をつかまえて会話の練習をしたからだと思う。だから、日本人をクラスに連れてきて、学生たちと話せるようなチャンスを作るようにしている。〔O〕

多くのNNJLTは、日本語学習に優れていたり、強い動機を持っていたりするが故に日本語教師になっており、独自に開発した学習方法の成功体験から独自の指導方法を開発している。

第2言語教師教育研究の文献レビューを行ったVelez-Rendon(2002)は、教師の過去の経験をテーマにする論文のすべてが教師の過去の学習経験の重要性を指摘しており、多くの研究が教師自身が学習者だった時の教師の教授活動をモデル(或いはアンチ・モデル)として捉えている様子を明らかにしていると述べている。本研究のインタビューからも同様の結果が導かれた。

5.3.3 新規学習体験による聴解学習観の変容

新規学習体験である過程重視の聴解指導を受けた後のNNJLTの聴解学習観は、言語知識積み上げの一環としての聴解という意識が薄れ、内容理解に重点を置いた聴解に対する意識が高くなったことが確認された。この変化の背景には、当然、過程重視の新規聴解学習だけでなく、自然なインプットに満ちた日本での日常生活の影響があると考えられる。実際、再教育後の意識調査結果のフォローアップ・インタビューで、聴解学習観の変化の要因について尋ねた際、「日本でよくテレビを見たことが聴解力の向上に役に立ったと思う」「日本では知らない言葉に出会っても、いちいち辞書を引くことができないので、辞書を引かずに推測することを覚えた」等、自国とは異なる日常生活の影響が述べられた。しかし、多くのNNJLTは、次に引用するように、意識的な学習方法や指導方法に言及した。なお、以下の引用では、調査対象者を識別するアルファベットに加えて、「広範囲モニター」の増大が大きかった高変化群に属する場合には「高」、低変化群に属する場合には「低」と記し、後に、新規学習体験の効果と学習観・指導観の変容との関連を論じ

る際の参考とする。

　（「単語や文法をおぼえること」がそれほど大事だと思わなくなった理由として）最初は聴解のためには日本語の単語力を増やさなければならないと思っていたが、いまは推測する力も含めて、理解する力が必要だと思う。〔S 低〕
　（「わからないところがあっても全体の意味に注意して聴くこと」が大事だと思うようになった理由として）以前××（自国）では、まず単語を覚えてから聴解をするのがいいと考えていた。でも、日本に来て、新しいタイプの聴解授業を受けて、別に一つ一つの単語を覚えなくても全体的な内容に注意して聞くことが大事で、わからない言葉があっても推測できるということがわかった。前は、まず文字で読んで理解したことを音で確認する聴解が主体だったが、音で聞くことが大事だと思うようになったし、音で聞いたほうがおぼえやすいということにも気がついた。聴く内容がおもしろいと段々興味が出てきて、わからないことは質問したいと思うようになった。日本語でやりとりして意味を知った言葉はおぼえやすいと感じている。辞書で引いても忘れてしまうが、日本語で文脈のある説明を聞くと定着しやすいと思う。〔U 低〕
　自分が教えることを考えたら、「わからないところがあっても全体の意味に注意して聴くこと」が大事だと思うようになった。あるテキストをすべて理解しようとしたら初級の学生にとっては大変だ。教える時、学生にはわからない言葉があるが、全部教えて説明するのではなく、自分で推測して考えさせることも大事だと思うようになった。自分の頭が動くことが効果がある。教師が何でも教えるのではなく、学生同士にディスカッションさせることも大事だと思うようになった。ここの授業では先生が研修生（NNJLT）に考えさせたから、そう思うようになった。〔Q 高〕

　フォローアップ・インタビューでは、意識調査には選択肢のない観点から自らの学習観の変化を述べた者も少なくない。

「文脈から意味を推測する」「先を予測する」ということがとても大事だと思うようになった。〔L 高〕

聴いたり読んだりしている時に知らない言葉に出会ったら、すぐに辞書を引くのではなく、まず自分で意味を推測してみてから辞書を引くと意味を忘れないで憶えることができるということを経験的に体得した。〔W 高〕

聴きながら質問する教室活動が効果があったと思う。理解すれば質問したくなる。テープを聴いた後に再話する活動も大事だ。聴いて理解できてないと話せないし、何回も聴いて暗記しようとするだけでも話せない。聴いて理解していないと話せないということがよくわかった。〔T 高〕

(調査票の答は変わらないが)聴解のためには、わからない言葉を質問して理解することが大事だと思うようになった。〔N 高〕

(調査票の答は変わらない。)文字を見ながら聴くことは(以前と同様)大事だと思うが、文字を見る前に聴くこと、そして、聴く前に、トピックについて話し合うのが大事だと思うようになった。〔P 高〕

(調査票の答は変わらないが)テキストを再話する活動が役に立ったと思う。まず聴いて内容を理解して、それを自分で言おうとすると、言えないことがあることに気がつく。文を作る練習にもなるし、自分の考えも言うことができる。〔R 低〕

聴解の授業で学んでよかったと思うことの一つは、単語や表現を学ぶのに「一度で学ぶ必要はない」ということ。先生が言ったことで、「単語や表現は今日習ったからと言って明日から使えるものではなく、何回も接触して学ぶものだ」ということがとても印象的だ。自分の学習にとっても勇気づけられたし、自分の学習者にもこれからそう言ってあげようと思う。〔L 高〕

　以上のように、多くの調査対象者は、自らの聴解学習の効果に言及して、学習への気づきや学習観の変化を述べている。

5.3.4　新規学習体験による聴解指導観の変容

　新規学習体験である過程重視の聴解指導を受けた後のNNJLTの聴解指導観は、意識調査の回答としてはほとんど変化が見られなかった。意識調査の選択肢はいずれも聴解指導の教師の役割として妥当なものであり、それらの選択肢の中で優先順位をつけるのが難しかったこと、また、用意した選択肢に新規学習体験によって生じた可能性のある聴解指導の要素（推測させる、予測させる、質問させる等）が端的に表現されていなかったことが変化の表れなかった原因として考えられる。実際、フォローアップ・インタビューでは、「ここに挙げてある項目は全部大事だと思うが、3つ選ぶとすれば、回答に変化はない。〔P高〕」という発言があった。

　また、以下で詳しく見るように教案には明らかな変化があったのに対し、意識調査の回答に変化が現れなかった理由としては、次のようなことが考えられる。教案調査では、特定のテキストが示され、教師としてそれを教えるにはどうするかという具体的な課題が与えられたが、意識調査では、「聴解授業での教師の役割として大事なことは何だと思うか」という抽象的な課題が与えられた。すなわち、聴解学習というものを普遍的に捉えた上でそれを促進するために教師が果たすべき役割に優先順位をつけるという非常に抽象度の高い課題への回答が求められたわけであり、調査対象者の学習観および指導観が相当深部で変容していなければ、回答には変化が現れないものと思われる。

　一方、教案に書かれた活動のタイプには変化が現われ、事後の教案では、学習者が「自由発信」する活動および「過程志向」の活動の割合が増加した。特に多くのNNJLTが事後の教案に加筆したのは、聴く前に背景知識を活性化する活動（内容／自由発信／過程志向）である。また、背景知識活性化の活動を加筆したNNJLT全員が再教育で受けた聴解指導の影響を挙げ、自らが経験した効果について次のように述べている。

　　聴く前にトピックについて話し合うことによって興味を持ったり「もっと知りたい」という気持ちが刺激されたりした。〔G低〕
　　聴解のポイントは、最初にトピックを知って、予想したり想像したりし

ながら聴くことだと思うようになった。以前は聴く前にトピックを知っていてもそのことをあまり考えずに聴いていたが、いまは常に頭の中にトピックを置いて聴いているのでうまくつなげながら聴くことができる。〔W 高〕

また、事後の教案に「テープで聴いた内容を再話させる」活動（内容／自由発信／過程志向）を追加した調査対象者も多く、その理由として、再教育における学習経験の効果を挙げている。

宿題として聴いてきたテープの内容を再話するという活動がとてもよかった。国へ帰ったら、（従来からやっていたように）テープを聴いて穴埋めをするだけでなく、聴いた内容を母語で要約させようと思う。学生のレベルによっては日本語でまとめてもいいし、1年生だったら母語でまとめてもよい。要約しようとすることで、自分がわかっていなかったことに自分で気がつくことができる。〔G 低〕
ここの授業でやった「まとめを言う活動」（再話）が効果的だと思った。一つの理由は、まとめを言うことで、理解が確認できるからだ。教師にもわかるし、学習者自身も自分の理解をチェックできる。もう一つの理由は、まとめを言うことで、聴解が受け身ではなく、アクティブな発信型の授業になるからだ。聴解は受け身の活動だと思っていたが、アクティブにもできるのだと思うようになった。〔I 低〕

事後の教案に「聴いた内容についてペアで話し合う」活動（内容／自由発信／過程志向）を加筆した NNJLT は、その理由を次のように述べている。

ペアで話す時にクラスメイトの話を聴くので、聴解の練習になると思う。日本に来てから、聴解はテープやテレビを聴くだけではなくて、直接相手と話しているときに理解できることが大事だと思うようになった。ここの授業のペアワークやグループワークでクラスメイトが話すのを一生懸命聴いたのが勉強になった。〔P 高〕

学習者が内容について意見や感想を言うという活動については、ここの
　　授業で体験してそれがいい方法だと思うようになった。××（母国）の
　　学習者は日本についてあまり知らないので、聴解によって得た日本に関
　　する情報を話し合うのは有効だと思う。〔U 低〕

　活動の方向性としては「自由発信」の活動、活動の目的としては「過程志向」の活動が増加した一方で、活動の対象である「言語知識」「テキスト内容」の割合には目立った変化がなかった。調査対象者の聴解学習観が言語知識積み上げから内容理解中心へと変容を見せながらも、内容理解の基盤として言語知識があることは、何名かの調査対象者が明示的に述べている。たとえば、U は事後の教案に「授業の最後にテキストを見ながら聴く」活動（言語知識／受信／結果志向）を加筆した理由を次のように述べている。

　　　最後まで聴きとれなかった言葉は文字で確認した方がいい。そうでない
　　と、この機会にその言葉を学ぶ機会を逸してしまうからだ。〔U 低〕

また、W は事後の教案に「スクリプトの穴埋めをする」活動（言語知識／限定発信／結果志向）を加筆した理由を次のように述べている。

　　　聴いたことを正確に書くことは大事だと思う。内容理解のタスクだけで
　　はなく、言葉を正確に聴き取ることは大事だと思う。〔W 高〕

聴解は、理解の活動であると同時に言語習得の源泉となるインプットを得る活動である（Richards2005）。よき学習者は、聴解で与えられるインプットから「気づき」を得て習得を促進させていくが、次の V や W の所感に端的に表現されているように、何名かの調査対象者はそのことを直感的に会得したと思われる。

　　　聴くことからたくさんの単語を憶えたし、いつのまにか自分がそれをア
　　ウトプットできるようにもなった。〔V 高〕

前は日本語が上達するためには暗記することが大切だと思っていたが、いまはたくさん聴いたりたくさん読んだりすることが大事だと思うようになった。〔W高〕

　以上のように、多くの調査対象者は自らの聴解学習の内省に基づいて、新たな学習観を発達させ、また、それを教師として記述した教案の内容に反映させた。

5.3.5　新規学習体験の効果と学習観・指導観の変容との関連

新規学習体験により聴解過程が大きく変化したNNJLTとそうでないNNJLTと比べたところ、聴解学習観に関する意識調査の結果では、むしろ低変化群の方が前後の変化が大きく現れた。しかし、5.3.3で見たように、高変化群にはフォローアップ・インタビューで意識調査に選択肢のない観点から自らの学習観の変化を述べた調査対象者が多く、意識調査の回答には変化がなくとも、聴解学習への気づきはむしろ豊かに生じている傾向がある。

　教案調査では、高変化群の方が低変化群よりも、再教育前後の変化の度合が大きいことが確認され、その変化は「自由発信」および「過程志向」を志向していた。また、事前から事後にかけての「広範囲モニター」の増減と教案記述における「自由発信」「過程志向」の割合の増減の間には正の相関があり、「広範囲モニター」が増大したNNJLTほど事後の教案に「自由発信」「過程志向」の活動を多く加筆したことがわかった。聴解学習がテキスト内容を字義通り理解する「受信」の活動に留まらず、テキスト内容を介した「発信」の活動であること、また、聴解指導がテキスト理解の「結果」を確認するだけでなく、テキスト理解の「過程」を支援する活動であることは、過程重視の聴解指導方針と重なるものである。過程重視の聴解指導により自らの聴解過程を大きく変化させたNNJLTは、自らの聴解学習に強い気づきを得、その内省を教師として記述した聴解指導の教案に反映させたものと解釈できる。

　一方、自らの聴解過程があまり変化しなかった低変化群のNNJLTは、意識調査や教案調査の変化について尋ねるフォローアップ・インタビューで、

自らの学習に対する内省が乏しい傾向がある。事後の教案への加筆が全くなかった NNJLT は 5 名いるが、うち 4 名は低変化群である。たとえば、その 1 人である B は、聴解学習や聴解指導について考えが変わったことは特にないと述べ、「聴解が上達するために必要なことは何だと思うか」という質問に対しては、「日本に住むことだと思う」というコメントを述べたに過ぎない。また、C は、自らの聴解力の変化について、「あまり上達しなかったと思う」と述べ、(実際には少なからぬ向上があったと思われることから)「どうなったら聴解が上達したと思えるのか」という質問に対し、「日本語能力試験に合格したら上達したと言えると思う」と答えた。この C の返答からは、C が自らの聴解をモニターする観点を持たず、その評価を外的な基準に委ねていることが窺える。

　表 5-8 にあるように、23 名の NNJLT のうち聴解指導の経験があるのは 14 名だが、聴解指導の経験者が相対的に深い内省を示したわけではない。また、日能試で測定される聴解力の向上が大きかった者に学習観や指導観の変化が特に大きく現れたわけでもない。自らの学習に深い内省を示し、それを教案記述に反映させたのは、再教育前後の対面聴解調査において聴解過程の変化が大きかった NNJLT である。6 ヶ月の再教育プログラムには教授法科目もあるが、「教授法の授業も理論的な背景を知ったり、模擬授業の経験をするのに役に立ったが、実際に学習者として授業に参加したことが教授法の面で一番役に立った。〔L 高〕」という発言に表れているように、NNJLT は、日本語科目を受講しながらも教師としての視点で授業を観察している。効果的な学習や指導の方法について多くの気づきを得た NNJLT は、自らの聴解過程にも大きな変化をもたらし、同時に教師としての指導方法にも多くのヒントを得たのではないかと推察される。

5.4 【研究 3】の成果と今後の課題

【研究 3】では、再教育を経た NNJLT の学習観・指導観の変容について調査した。まず、自国での初期学習が NNJLT の学習観・指導観に大きく影響していることを確認し、先行研究が指摘するように、NNT の目標言語学習

は、教師としてのビリーフや認識に明らかな影響を与えることを再認した。また、再教育を経た結果、NNJLT の認識は、再教育が焦点を当てた過程重視の聴解観を反映したものに向かっており、その変化の度合は再教育が目的とした聴解過程の変化の度合と関連があることが認められた。NNT 教育における学習体験の効用は、多くの先行研究が主張するものであるが、本研究は、初期学習のみならず再教育における新規学習が教師の認識に影響を与えることについて、具体的なデータを用いて実証した。

　一方、本研究の意識調査に対する再教育前後の回答には大きな変化が見られず、変化を得たのは、教案に記述された活動内容の特徴においてであった。意識調査の回答に変化が見られなかったことについては、5.3.4 で考察したように、調査が抽象的な意識の変化に焦点を当てていたことが原因の一つとして考えられる。このことについては、①選択肢に優先順位をつけるという調査の形式や選択肢の設定が本研究の目的に対して適当ではなかった可能性、②調査対象の NNJLT の意識の変化がやや表面的なものであり、抽象化された学習観・指導観としての変化として抽出されなかった可能性がある。①は調査形式の面での課題、②は約 6 ヶ月（実質的な授業期間は約 4 ヶ月半）の再教育が提供できる指導の効果と範囲に関する課題である。②に関しては、調査後のフォローアップ・インタビューで、指導観の変化が見られた NNJLT にも、「過程重視の聴解は（中級以上にはいいが）初心者には難しい」など限定的な見方が残っていること、また、過程重視の聴解は効果があったとしながらも、自国との教授環境の違い（クラス人数の違い、設備やリソースの違い等）を実践の難しさとして挙げる NNJLT が多いこと等、重い課題が残されている。

　NNJLT の再教育の最終的な目標は、各 NNJLT が自国の教育現場における教授活動を内省に基づいて再構築できる知識と意識を養成することである。本研究の教案調査に見られた変化が帰国後の教授実践においてどう現れるのか、帰国後の実践に当たって直面することが予想される日本と自国との教授環境の違いを乗り越えることについて、再教育はどう支援できるのか等、引き続き追求すべき課題が残されている。

注

1 意識調査については、本研究の調査対象外の NNJLT10 人に予備調査を行い、「もっとよく聞けるようになるために大事なことは何だと思いますか」という質問に対し自由記述で書いてもらった回答を参考にした。

2 23 名の調査対象者に対する調査は 2003 年度および 2004 年度の 2 回に分けて行ったが、1 回目 (12 名) の調査では、「テープを聞く前にする質問」「1 回目にテープを聞いた時にする質問」「2 回目以降にテープを聞いた時にする質問」「学習者がテープの内容をすべて理解した後にする質問」「他にこの聴解に関連して授業の中でやりたい活動」という枠を設けて教案を書いてもらった。しかし、むしろ枠を設けないほうが調査対象者の聴解指導観がありのままに表現されると判断し、2 回目 (11 名) の調査では、白紙に教案を書いてもらった。1 回目の調査方法では、「テープを聞く前にする質問」「学習者がテープの内容をすべて理解した後にする質問」などの枠組みが教案作成に影響を与えた可能性があり、実際、2 回の調査データを 5.2.4 で述べる方法で分析した結果を比べると、2 回目の調査結果は 1 回目の調査と比べて次のような違いが認められた。①活動の対象として「言語知識」の占める割合が多い、②活動の方向性として「受信」の占める割合が多い、③活動の目的として「結果志向」の占める割合が多い。5.2.4 で述べるように、事前から事後にかけての 23 名の変化は、①②③とは逆の方向に向かっている。すなわち、もし 1 回目の調査も 2 回目と同様に枠組みなしで行っていたとしたら、事前から事後にかけての変化がより一層大きくなることが予想され、現データから得られた結論をより強固なものにすることはあるが、現在の結論を覆す可能性はないと考えられる。したがって、本研究では、2 回の調査結果を同様に分析して結論を提示することにする。

3 テキストは、以下の教材から第 22 課本文 (p.52) をアレンジした。

『みんなの日本語初級Ⅰ　初級で読めるトピック 25』(牧野昭子・沢田幸子・重川明美・田中よね・水野マリ子 2000) スリーエーネットワーク

4 表 5–2 および表 5–8 に挙げた教材のうち日本国内で出版されたものの詳細は次のとおりである。

『日本語初歩』(国際交流基金 1981) 凡人社

『新日本語の基礎』(海外技術者研修協会編 1992) スリーエーネットワーク

『みんなの日本語』(スリーエーネットワーク編著 1998–2000) スリーエーネットワーク

『毎日の聞きとり 50 日：初級日本語聴解練習』(宮城幸枝ほか 1998) 凡人社

『楽しく聞こう』(文化外国語専門学校日本語課程編著 1991–1992) 文化外国語専門学校／凡人社

第 6 章
結論と今後の課題

6.1 本研究の課題と解答

6.1.1 本研究の課題

本研究は、海外の日本語教育の発展を量的にも質的にも支える非母語話者日本語教師（NNJLT）に対して行う再教育において、特に聴解指導に焦点を当て、NNJLT の学習者としての側面、教師としての側面の両面から、その成果を検証したものである。本研究が対象とする若手 NNJLT は、自国で日本語教育を受け、その直後に、言語教師としての教育をほとんど受けぬままに日本語教師の任務に就き、数年の教授経験を経て、研修のために来日する。そうした若手 NNJLT は、言語学習は言語知識を獲得することであるという認識を持ち、知識学習を志向する傾向がこれまでの経験の中から観察される。また、そうした認識には、自国で自らが受けた教育が強い影響を与えていることが推察される。そこで、本研究では、調査対象者が自国で経験した学習とは異なる新規学習体験を提供することにより、自国では得られにくかった技能の伸長を目指すとともに、新規学習体験を通して教師としての学習観・指導観に内省を生じさせることを目標とした。

具体的には、海外の日本語学習者の弱点である聴解をとりあげ、調査対象の NNJLT にとって新規学習体験となる過程重視の聴解指導を約 4 ヶ月半に渡って行った。また、聴解過程を調べる調査では、①対面聴解の方が実際の言語生活における聴解を想起させやすいこと、②対面聴解における質問や反

応の技能が言語習得を駆動する機能を持つことに着目して、対面で物語を聴き取るという設定を選んだ。調査対象のNNJLTは、日本語運用力は中級程度、多国籍構成の23名である。

以上の背景に基づき、本研究は次の3つの課題に解答を求めるものである。

（1）NNJLTの対面聴解過程はどのようになっているか
（2）NNJLTの再教育において、過程重視の聴解指導は、NNJLTの対面聴解過程をどのように変化させるか
（3）NNJLTの再教育において、過程重視の聴解指導という新規学習体験は、既得の学習観、指導観をどのように変容させるか

6.1.2 対面聴解過程の分析

【研究1】では、上記(1)の課題に対して、次のような調査を行った。1対1の対面で物語を聴く調査において、(a)調査対象者が聴き手として発した質問や反応を記録し、また、(b)聴解直後に再生作文(母語)を書いてもらった。さらに、(c)聴解場面の録音を聴き返しながら、母語で回想インタビューを行った。(a)～(c)、3種のデータを分析する際、理解上の問題を解決する手がかりとして参照されたテキスト範囲を「モニター範囲」として、分析の指標とした。その結果、再生作文の再生率が高く、テキスト理解がよかった調査対象者は、「モニター範囲」が広く、自らの理解をテキストの広い範囲と照合することにより局所理解を全体理解につなげる「広範囲モニター」を働かせていることがわかった。この結果を受け、「モニター範囲」とテキスト理解との関連を数量的に分析したところ、両者の間には有意な相関があり、「広範囲モニター」をよく用いる聴き手はテキストをよりよく理解したことが検証された。

また、「広範囲モニター」を促進する聴解指導の方法を探るべく、聴解過程を質的に観察したところ、次のような聴解指導の指針を得た。①対面場面での「質問」に関する否定的な認識を払拭し、テキスト全体の理解を視野に入れた「質問」を促進する練習の機会を提供するとともに、「質問」の表現

形式についても指導する。②「推測」「予想」「発展」の推論ストラテジーに焦点を当てた教室活動を提供し、推論ストラテジーの実行に伴って促進される「広範囲モニター」の意義を意識化させる。

6.1.3 過程重視の聴解指導の効果

【研究2】では、約4ヶ月半に渡って過程重視の聴解指導を施した後に、【研究1】と同様の対面聴解調査を行い、事前（【研究1】）のデータと比較した。過程重視の聴解指導の方法論としては、【研究1】でテキスト理解との関連が示唆された「広範囲モニター」を促進すべく、【研究1】の考察結果として得られた指針にしたがって、「質問」や推論ストラテジーの指導を積極的に導入した。また、調査対象者の聴解力の伸長を検証する目的から、事前・事後に実施した日本語能力試験の得点を統制群と比較した。

　事前と事後の対面聴解過程を比べると、まず、「広範囲モニター」の頻度が増加し、「広範囲モニター」の頻度が増加した調査対象者は、テキスト再生率も上昇した。また、「広範囲モニター」を支える要素である「質問」および一部の推論のストラテジーについて、増強が観察された。これらの結果から、「広範囲モニター」が指導可能であることを示すことができた。加えて、【研究1】、【研究2】の両調査において、「広範囲モニター」と「テキスト再生率」の間に有意な相関関係が確認された。以上のことから、「広範囲モニター」を用いることがテキスト理解を向上させる可能性を傍証することができた。

　一方、聴解力の伸長については、日本語能力試験聴解部門の得点の伸びが聴解上位群において統制群より高かった。しかし、過程重視の聴解指導が聴解力伸長を加速した可能性については、被験者を拡大した追検証が必要である。

　他方、「広範囲モニター」の増強が真に指導の成果であることを示すためには、対面聴解調査にも統制群を設け、明示的な指導を行わずとも自然な運用力の伸びに伴って現れる聴解過程の変化と比較して指導効果を示すことが考えられる。しかし、本研究は、変数を厳密に統制する実験研究ではなく、実際の教育現場からデータを収集し、その結果を同現場に還元するという立

場を採り、現時点で教育に効果があると考えられる指導法のみを実行するという趣旨から、聴解過程調査については統制群を設けなかった。実在する学習者（本研究の場合は NNJLT）の受益を損なわずに、指導効果を厳密に検証する研究方法は、今後への課題として残されている。

6.1.4　再教育が学習観および指導観に及ぼす影響

【研究3】では、過程重視の聴解指導による新規学習体験が教師としての NNJLT にどのような内省を引き起こし、その学習観・指導観にどのような影響を与えたかをインタビュー調査、意識調査（選択肢方式）、NNJLT が記述した聴解指導教案から検証した。

　まず、NNJLT の自国での初期学習における聴解学習が、言語知識を拡充し、理解をチェックするという「結果」重視の聴解指導を基盤にしていたことが明らかになり、また、そうした初期学習体験が NNJLT の聴解指導観に影響していたことが確認された。その上で、新規学習体験を経た変化として、NNJLT の認識が過程重視の聴解観を反映した変容を見せたことが、教案に記述された活動の分析から明らかになった。さらに、聴解指導観の変容は、NNJLT 自身の聴解過程の変化と関連があり、【研究2】で「広範囲モニター」の増加が強く見られた NNJLT ほど事後の教案に記述された活動に過程重視の聴解観が強く反映されていることがわかった。

　一方、聴解指導を抽象化して捉えることを求める意識調査の回答では、再教育の前後で目立った変化が見られず、事後のインタビュー結果とも合わせて、NNJLT の意識の変化がやや表面的であることも指摘された。他方、初期学習、新規学習ともに NNJLT の指導観に影響を与えたという事実からは、NNT の目標言語学習が自身の指導観に与える影響の大きさが窺え、また、NNT の教授活動が自身の目標言語指導者の模倣により構成されるという解釈も可能である。しかし、すべての職業技能に関する学び、さらに敷衍して言えば、人間の学びすべては、模倣に始まりながらも独自の成長と発展を遂げていくものであると考えられる。教師教育における学びも、各教師が自らの教育現場で継続的に展開する教授活動によって初めて真の成果を問われることになろう。

NNJLT が帰国後、自国の教育現場において自立的に教授改善に取り組んでいくべきことを考えると、最終的な目標達成にはまだ距離がある。しかしながら、6ヶ月の再教育プログラム修了時における当座の評価としては、NNJLT の聴解観の方向づけと指導観の拡大において確かな成果が得られたものと思われる。

6.2　本研究の意義

本研究は、NNJLT の再教育を専門に行う世界で唯一の機関である国際交流基金日本語国際センターの再教育プログラムの一部を研究対象とし、再教育の成果の一部を実際のデータによって検証したものである。この研究によって明らかになった再教育の成果と課題は、今後、年間 400 余名の NNJLT を受け入れる同センターの再教育の改善に活かされるという意味で、実際的な意義が認められる。

　次に、研究面での意義について述べる。本研究は、第 2 言語の聴解過程研究と第 2 言語教師教育研究の 2 つの研究領域を対象として行われ、それぞれの分野に次に述べるような貢献をしたものと思われる。

　聴解過程研究の分野では、第 1 に、実際の言語生活の中心でありながら、研究対象としてはあまり取りあげられてこなかった対面聴解に焦点を当てたことである。対面聴解でも非対面聴解と同様、「モニター」や推論のストラテジーが重要な役割を持つことが確認できた。第 2 に、先行研究（Vandergrift 1997a, 2003 等）が効果的な聴解の指標とした「モニター」の頻度ではなく、「モニター範囲」を指標とし、テキスト理解との関連を示したことである。「モニター」の量ではなく質に注目することで、効果的な聴解過程の特質を「質問」や推論のストラテジーなど、より具体的な技能として示すことができた。「質問」の実行は対面聴解でのみ可能だが、「質問」のストラテジーへの習熟は、非対面聴解でも「自問自答」を促し、「モニター」機能を的確に活性化させることができると思われる。第 3 に、聴解ストラテジーの指導可能性を検証したことである。「広範囲モニター」というメタ認知ストラテジーを「質問」や推論のストラテジーという認知ストラテジーの実行に伴って促

進できる可能性を示すことができた。

　第2言語教師教育研究の分野では、初期学習のみならず再教育における新規学習が教師の認識に与える影響を示したことが挙げられる。先行研究(Freeman & Richards1996; Velez-Rendon2002 等)は、教師の過去の学習経験の重要性を指摘する一方で、教師教育プログラムが教師の教授活動に与える影響は比較的小さいとしているが、本研究では、教授法理論の導入ではなく、NNT の利点を生かした学習体験の効用について、具体的なデータを用いて再教育の成果を実証した。

6.3　NNJLT再教育への提言と今後の課題

日本国内の日本語学習者は教室外のインプットを豊富に受け、自然学習の中で聴解力を伸ばしていくのに対し、海外の日本語学習者は教室外の自然なインプットを受けることがほとんどない。本研究がその役割を探求した聴解ストラテジーの指導は、国内よりも海外において大きな意味を持っている。今後、NNJLT の再教育においては、NNJLT 自身の聴解力の伸長と学習方法の意識化により一層の力を注ぐべきである。

　Richards(2005)が指摘するように、聴解指導は、①言語理解(comprehension)と②言語習得(acquisition)の双方の観点から捉える必要がある。過程重視の聴解指導により、NNJLT が理解のプロセスに必要なストラテジーを学び、同時に、理解が習得の源泉であることを体感することが期待される。本研究では、教授法科目との連携を実行することができなかったが、今後は、聴解指導と教授法指導を連携させることで、学習経験と理論学習の相乗効果を期待することができる。

　一方、NNJLT の再教育が抱える大きな課題として、NNJLT が再教育で学んだ実践を自国の教育現場に適用する際、再教育現場と自国との教授環境の違い(クラス人数の違い、設備やリソースの違い等)に直面することが予想される。NNJLT の教育現場の状況は、調査票やインタビューによって把握し、再教育における教授法科目はもちろん、聴解等の日本語科目の実践においても、NNJLT の自国の状況を念頭に置いてはいるが、対象となる

NNJLT 各人の帰国後の実践を見届けることはできない。今後は、再教育プログラムの追跡調査等を通して、再教育の成果を NNJLT 各人の現場との関連について評価していく必要がある。教師の再教育は一回限りでその役割を果たすものではなく、教師の職業人生全般に渡って設計され、実行されていくべきものである。本研究が対象とした若手 NNJLT への支援のあり方としては、追跡調査による評価を、継続的な再教育の設計へと反映させていくべきであろう。

参 考 ・ 引 用 文 献

青木直子(1991)「第二言語教育における能力テストのシラバス：聞き取り編」『産能短期大学紀要』第24号　195-210

阿部洋子・三原龍志・百瀬侑子・横山紀子(1992)「教師研修における教師の『意識開発』の必要性：1990年度(平成2年度)『海外日本語教師長期研修』における教育実習を振り返って」『日本語国際センター紀要』第2号　1-20

阿部洋子・横山紀子(1991)「海外日本語教師長期研修の課題：外国人日本語教師の利点を生かした教授法を求めて」『日本語国際センター紀要』第1号　53-74

荒川みどり・三原龍志(1994)「大韓民国高等学校日本語教師研修における『総合教授演習』授業について」『日本語国際センター紀要』第4号　83-108

アンダーソン, J. R.(富田達彦ほか訳)(1989)『認知心理学概論』誠信書房

飯田恵巳子・平塚潔・前田綱紀・百瀬侑子(1991)「日本語教師ネットワークづくりへの提言：1989年度海外日本語教師短期研修の反省と考察を通して」『日本語国際センター紀要』第1号　1-51

池田伸子(2003)「ビジネス会話における『聞き返し』ストラテジーの使用傾向：ビジネス日本語教育用教材開発の基礎として」『広島大学留学生センター紀要』第13号　37-45

池田広子(2004a)「日本語教育実習における教師の意思決定：意思決定と授業形態との関係から」『世界の日本語教育』第14号　1-20

池田広子(2004b)「多言語多文化共生を目指した日本語教育実習における教師の意思決定：成人学習者を対象とした場合」『言語文化と日本語教育』第27号　182-195

石井恵理子(1996)「非母語話者教師の役割」『日本語学』第15巻第2号　87-94

猪狩美保(1999)「初級日本語学習者の『聞き返し』のストラテジー：初級日本語教科書との関連から」『横浜国立大学留学生センター紀要』第6号　15-25

尹松(2001)「聴解ストラテジーの使用と聴解力の関係について：日本語を主専攻とする中国人大学生の意識調査の結果から」『言語文化と日本語教育』第21号　58-69

尹松(2002a)「中国における日本語の聴解授業の実態と課題：4大学の担当教師へのインタビューを通して」『言語文化と日本語教育』第23号　38-51

尹松(2002b)「第二言語・外国語教育における聴解指導法研究の動向」『第二言語習得・教

育の研究最前線－あすの日本語教育への道しるべ－』日本言語文化学研究会　279–288

尹松 (2005)『日语听力教学法的实证性研究 (中国の大学における日本語の聴解指導に関する実証的研究)』上海译文出版社

Evi Lusiana・亀田美保・松尾慎 (2003)「ジャカルタ日本語センターにおける大学教員研修」『日本語国際センター紀要』第 13 号　147–153

王崇梁・長坂水晶・中村雅子・藤長かおる (1998)「韓国の高校日本語教師の教室活動に関する意識：大韓民国高等学校日本語教師研修参加者に対するアンケート調査報告」『日本語国際センター紀要』第 8 号　111–127

岡崎眸 (1996)「教授法の授業が受講生の持つ言語学習についての確信に及ぼす効果」『日本語教育』第 89 号　25–38

岡崎眸 (1999)「多言語・多文化社会を切り開く日本語教員養成 -1999 年度日本語教育実習を振り返る：総括と今後への展望－」『多言語・多文化社会を切り開く日本語教員養成：日本語教育実習を振り返る』お茶の水女子大学大学院博士前期課程人間文化研究科言語文化専攻日本語教育コース・教育実習報告書編集委員会　114–125

岡崎眸 (2000a)「内省モデルに基づく日本語教育実習：実習生に何が提供できるか」『言語文化と日本語教育』第 20 号　1–12

岡崎眸 (2000b)「学習者と教師の持つ言語学習についての確信」J. V. ネウストプニー・宮崎里司 (編)『日本語教育と日本語学習：学習ストラテジー論にむけて』くろしお出版　147–158

岡崎眸 (2000c)「多言語・多文化共生社会を切り開く日本語教育」『多言語・多文化社会を切り開く日本語教員養成：日本語教育実習を振り返る (2000 年度)』お茶の水女子大学大学院博士前期課程人間文化研究科言語文化専攻日本語教育コース・教育実習報告書編集委員会　111–138

岡崎眸 (2002)「『共生言語としての日本語』教育実習」岡崎眸 (研究代表者) 平成 11 ～ 13 年度科学研究費補助金研究 C (3)：研究成果報告書『多言語・多文化社会を切り開く日本語教員養成：日本語教育実習を振り返る (2001 年度)』お茶の水女子大学大学院日本語教育コース　129–151

岡崎眸 (2004)「多言語・多文化社会を切り開く日本語教育：日本語教師ができること」岡崎眸 (研究代表者) 平成 14 ～ 18 年度科学研究費補助金研究 B (2)：研究成果中間報告書 (研究論文編)『多言語・多文化社会を切り開く日本語教育と教員養成に関する研究』お茶の水女子大学大学院日本語教育コース　112–129

岡崎眸・岡崎敏雄(2001)『日本語教育における学習の分析とデザイン：言語習得過程の視点から見た日本語教育』凡人社

苧阪満里子(2005)「ワーキングメモリ：言語理解を支える記憶とその神経基盤」『第16回第二言語習得研究会全国大会予稿集』 12–14

尾崎明人(1992)「『聞き返し』のストラテジーと日本語教育」カッケンブッシュ寛子ほか(編)『日本語研究と日本語教育』名古屋大学出版会 251–263

尾崎明人(1993)「接触場面の訂正ストラテジー：「聞き返し」の発話交換をめぐって」『日本語教育』第81号 19–30

海保博之・原田悦子(1993)『プロトコル分析入門』新曜社

笠原ゆう子・古川嘉子・文野峯子(1995)「内省活動を取り入れた教授法授業：長期研修日本語教授法授業再考」『日本語国際センター紀要』第5号 105–117

金井淑子(2004)「非母語話者教師の意識の変容：多言語多文化教育を通して」岡崎眸(研究代表者)平成14～18年度科学研究費補助金研究B(2)：研究成果中間報告書(研究論文編)『多言語・多文化社会を切り開く日本語教育と教員養成に関する研究』お茶の水女子大学大学院日本語教育コース 32–37

金庭久美子(2001)「学習者はTVニュースをどのように聞いているか：日本語教育における聴解能力の測定」『横浜国大国語研究』第19号 59–69

金庭久美子(2005)「日本語教育における聴解教育の変遷と展望」『横浜国立大学留学生センター紀要』第12号 3–16

来嶋洋美・木田真理(2003)「外国人日本語教師を対象とした日本語教授法カリキュラム：海外日本語教師長期研修1994–2000 調査と考察」『日本語国際センター紀要』第13号 117–134

木田真理・柴原智代・文野峯子(1998)「Non-native 日本語教師の多様性把握の試み」『日本語国際センター紀要』第8号 53–66

木谷直之・坪山由美子(2000)「研修参加者に見る非母語話者日本語教師の特性：1994～1998年度の調査結果から」『日本語国際センター紀要』第10号 69–87

久保田美子(2005)「ノンネイティブ日本語教師のビリーフ調査：指導内容、指導方法を中心とした分析」『明海大学大学院応用言語学研究科紀要』No.7 163–176

河内山晶子(1999)「聴解ストラテジーの意識的使用による効果：学力差要因と、L1-L2転移要因を中心に」『横浜国立大学留学生センター紀要』第6号 26–37

国際交流基金(2005)『海外の日本語教育の現状‒日本語教育機関調査・2003 年』凡人社

国際交流基金日本語国際センター(2005)『平成15年度事業報告』国際交流基金日本語国

際センター

小玉安恵・古川嘉子(2001)「ナラティブ分析によるビリーフ調査の試み：長期研修生への社会言語学的インタビューを通して」『日本語国際センター紀要』第 11 号　51-67

佐藤礼子(2004)「日本語の説明文理解における質問作成の効果に関する一考察：モニタリングの働きに注目して」『広島大学大学院教育学研究科紀要』第二部　第 53 号　227-235

篠崎摂子・八田直美・向井園子・古川嘉子・中村雅子・根津誠・島田徳子(2004)「初・中等教育日本語教師研修における教授法授業について：2003 年度海外日本語教師短期研修(春期)の試み」『日本語国際センター紀要』第 14 号　69-86

朱桂栄・単娜(2002)「『共生言語としての日本語』教室におけるインターアクションに関する一考察：母語話者実習生及び非母語話者実習生の IRF モデルによる比較」岡崎眸(研究代表者)平成 11～13 年度科学研究費補助金研究 C(2)：研究成果報告書『内省モデルに基づく日本語教育実習理論の構築』お茶の水女子大学大学院日本語教育コース　167-183

関麻由美(1996)「中級日本語学習者に対する学習ストラテジー・トレーニングの事例研究：『選択的注意』と『ノート取り』のトレーニングの試み」『言語文化と日本語教育』第 11 号　48-61

舘岡洋子(2001)「読解過程における自問自答と問題解決方略」『日本語教育』第 111 号　66-75

田中望・姉歯浩美・河東郁子(1986)「外国人の日本語行動：聴き取りのコミュニケーション・ストラテジー」『言語生活』第 418 号　62-71

谷誠司(2004)「日本語能力試験『聴解』問題は現実の日本語使用場面をどの程度反映しているか：テクストの質的分析を通して」『日本言語テスト学会研究紀要』第 6 号　40-55

田渕七海子(2004)「多言語多文化共生を目指す日本語教育実習における教師の意識変容」岡崎眸(研究代表者)平成 14～18 年度科学研究費補助金研究 B(2)：研究成果中間報告書(研究論文編)『多言語・多文化社会を切り開く日本語教育と教員養成に関する研究』お茶の水女子大学大学院日本語教育コース　19-31

坪山由美子・前田綱紀・三原龍志(1995)「大韓民国高等学校新『教育課程』と模擬授業の試み」『日本語国際センター紀要』第 5 号　69-84

當作靖彦(1988)「聴解能力開発の方法と教材：聴解のプロセスを考慮した練習」『日本語教育』第 64 号　59-73

當作靖彦（編）(2003a)『日本語教師の専門能力開発：アメリカの現状と日本への提言』日本語教育学会

當作靖彦 (2003b)「アメリカにおける教育改革と日本語教師の専門能力開発」當作靖彦（編）『日本語教師の専門能力開発：アメリカの現状と日本への提言』日本語教育学会 11-39

トムソン木下千尋 (1994)「初級日本語教科書と『聞き返し』のストラテジー」『世界の日本語教育』第4号 31-43

中込明子 (1997)「トップダウン型とボトムアップ型の連携による独話聞き取りの教室活動について」『言語文化と日本語教育』第13号 78-92

西村政人 (2004)「聞き返しの表現：日本語と英語」『広島大学留学生センター紀要』第14号 79-87

日本語教育学会（編）(2005)『新版日本語教育事典』大修館書店

日本語教育学会・調査研究第1小委員会 (1992)『日本語聴解問題の改善に関する考察：最終報告書』日本語教育学会

日本語教育学会認定委員会（編）(2004)『日本語能力試験の概要 2003年版』国際交流基金／日本国際教育協会

ネウストプニー J. V. (1999)「言語学習と学習ストラテジー」J. V. ネウストプニー・宮崎里司（編）『日本語教育と日本語学習：学習ストラテジー論にむけて』くろしお出版 3-21

ネウストプニー J. V.・宮崎里司（編）(1999)『日本語教育と日本語学習：学習ストラテジー論にむけて』くろしお出版

野々口ちとせ (2002)「非母語者実習生の自己受容：内省モデルに基づく教育実習の場合」岡崎眸（研究代表者）平成11～13年度科学研究費補助金研究C(2)：研究成果報告書『内省モデルに基づく日本語教育実習理論の構築』お茶の水女子大学大学院日本語教育コース 147-157

八田直美 (1995)「外国人日本語教師のための日本語クラスについての試み」『日本語国際センター紀要』第5号 55-68

半原芳子・松本なつみ・テンジャローン＝モルンタイ (2004)「ティーム・ティーチングにおける教師の役割の一考察：インターアクションに注目して」岡崎眸（研究代表者）平成14～18年度科学研究費補助金研究B(2)：研究成果中間報告書（研究論文編）『多言語・多文化社会を切り開く日本語教育と教員養成に関する研究』お茶の水女子大学大学院日本語教育コース 9-18

平野美恵子(2004)「多文化混成の日本語教育実習生による反対意見表明の変化：母語話者・非母語話者実習生間の異同に着目して」岡崎眸(研究代表者)平成14〜18年度科学研究費補助金研究B(2)：研究成果中間報告書(研究論文編)『多言語・多文化社会を切り開く日本語教育と教員養成に関する研究』お茶の水女子大学大学院日本語教育コース　45–53

福田倫子(2002)「第2言語の聴解に関する研究の展望」『広島大学大学院教育学研究科紀要・第二部』第51号　367–374

福間康子(1994)「口頭試験にみるコミュニケーション・ストラテジー：聞き返しの表現形式とその応答について」『九州大学留学生センター紀要』第6号　1–13

藤長かおる(1995)「クイーンズランド州ブリスベンメトロポリタン地域における日本語教師再教育プログラム」『日本語国際センター紀要』第5号　13–31

藤長かおる(2001)「多国籍教師研修における教授法のコースデザイン」『日本語国際センター紀要』第11号　89–106

藤長かおる・中村雅子・長坂水晶・王崇梁(1999)「韓国の高校日本語教師の教授スタイル調査」『日本語国際センター紀要』第9号　103–121

古市由美子(2004)「共生日本語教育実習における学び：実習報告書の比較分析にもとづいて」『言語文化と日本語教育』第28号　37–43

古市由美子(2005)「多言語多文化共生日本語教育実習を通してみた非母語話者教師の役割」『小出記念日本語教育研究会論文集』第13号　23–38

堀口純子(1988)「コミュニケーションにおける聴き手の言語行動」『日本語教育』第64号　13–26

堀口純子(1990)「上級日本語学習者の対話における聞き手としての言語行動」『日本語教育』第71号　16–32

堀場裕紀江(2002)「第2言語としての日本語リーディング研究の展望」『第二言語としての日本語の習得研究』第5号　108–132

水田澄子(1995a)「日本語母語話者と日本語学習者(中国人)に見られる独話聞き取りのストラテジー」『日本語教育』第87号　66–78

水田澄子(1995b)「独話聞き取りにおける聞き方のタイプ」『ことばの科学』第8号　89-108

水田澄子(1996)「独話聞き取りにみられる問題処理のストラテジー」『世界の日本語教育』第6号　49–64

水田澄子(1999)『独話聞き取りの諸相に関する実証的研究：テキスト構造・ストラテジー

と聞き取りの精度との関連について』名古屋大学大学院文学研究科博士学位論文（未公刊）

宮城幸枝（2005）「音声言語能力向上を目指した聴解指導シラバス」『東海大学紀要　留学生教育センター』第25号　47-55

村岡英裕（1999）「読解ストラテジー研究：読解能力の習得との関わりから」J.V. ネウストプニー・宮崎里司（編）『日本語教育と日本語学習：学習ストラテジー論にむけて』くろしお出版　117-132

百瀬侑子（1996）「海外における若手 Non-native 教師養成のための日本語 Team Teaching」『日本語国際センター紀要』第6号　33-50

森雅子（2000）「母国語および外国語としての日本語テキストの読解：Think-aloud 法による3つのケース・スタディー」『世界の日本語教育』第10号　57-72

横須賀柳子（2000）「情報取りにおける聞き手のストラテジー」『ICU 日本語教育研究センター紀要』第10号　41-57

横山紀子（2004）「第2言語における聴解ストラテジー研究：概観と今後の展望」『第二言語習得・教育の研究最前線― 2004年版―』　184-201

横山紀子・兜森公子・古山弘子（1995）「米国における中等教育日本語教師研修」『日本語国際センター紀要』第5号　33-53

横山紀子・木谷直之・簗島史恵（1998）「非母語話者日本語教師の日本語運用力の分析：海外日本語教師短期研修生を対象に」『日本語国際センター紀要』第8号　81-94

横山紀子・木田真理・久保田美子（2004）「日本語能力試験と OPI の相関関係による運用力分析：技能バランスに焦点を当てて」『第二言語としての日本語の習得研究』第7号　81-99

Anderson, J. (1993) Is a communicative approach practical for teaching English in China? Pros and cons, *System*, 21(4), 471–480.

Bacon, S. M. (1992) The relationship between gender, comprehension, processing strategies, and cognitive and affective responses in foreign language listening, *The Modern Language Journal*, 76(2), 160–177.

Bailey, K. M., Bergthold, B., Braunstein, B., Fleischman, N. J., Holbrook, M. P., Tuman, J. & Waissbluth, X. (1996) The language learner's autobiography: Examining the "apprenticeship of observation", In D. Freeman & J. C. Richards (Eds.), *Teacher learning in language teaching*, New York: Cambridge University Press, 11–29.

Barasch, R. M. & James, C. V. (eds.) (1994) *Beyond the Monitor Model*, Boston: Heinle & Heinle.

Bax, S. (1995) Appropriate methodology: The content of teacher development activities, *System*, 23(3), 347–357.

Bax, S. (1997) Roles for a teacher educator in context-sensitive teacher education, *ELT Journal*, 51(3), 232–241.

Berry, R. (1990) The role of language improvement in in-service teacher training: Killing two birds with one stone, *System*, 18(1), 97–105.

Burns, A. (1996) Starting all over again: From teaching adults to teaching beginners, In D. Freeman & J. C. Richards (Eds.), *Teacher learning in language teaching*, New York: Cambridge University Press, 154–177.

Cullen, R. (1994) Incorporating a language improvement component in teacher training programmes, *ELT Journal*, 48(2), 162–172.

Dubin, F. & Wong, R. (1990) An ethnographic approach to inservice preparation: The Hungary file, In Jack C. Richards & David Nunan, *Second language teacher education*, Cambridge University Press, 282–292.

Ellis, G. (1996) How culturally appropriate is the communicative approach?, *ELT Journal*, 50(3), 213–218.

Flowerdew, J. (Ed.) (1994) *Academic listening: Research perspectives*, Cambridge: Cambridge University Press.

Flowerdew, J. (1998) Language learning experience in L2 teacher education, *TESOL Quarterly*, 32(3), 529–536.

Freeman, D. & Johnson, K. E. (1998) Reconceptualizing the knowledge-base of language teacher education, *TESOL Quarterly*, 32(3), 397–417.

Freeman, D. & Richards, J. C. (Eds.) (1996) *Teacher learning in language teaching*, New York: Cambridge University Press.

Goh, C. (1997) Metacognitive awareness and second language listeners, *ELT Journal*, 51(4), 361–369.

Goh, C. (2002) Exploring listening comprehension tactics and their interaction patterns, *System*, 30, 185–206.

Guéraud, S. & O'Brien, E. J. (2005) Components of comprehension: A convergence between memory-based processes and explanation-based processes, *Discourse Processes*, 39(2&3), 123–124.

Horiba, Y. (1996) Comprehension processes in L2 reading: Language competence, textual coherence, and inferences, *Studies in Second Language Acquisition*, 18, 433–473.

Horwitz, E. K. (1987) Surveying student beliefs about language learning, In A. Wenden & J. Rubin (Eds.), *Learner strategies in language learning*, Prentice Hall, 119–132.

Hu, G. (2002) Potential cultural resistance to pedagogical imports: The case of communicative language teaching in China, *Language, Culture and Curriculum*, 15(2), 93–105.

Karen, C. A. (2003) NNS teacher trainees in Western-based TESOL programs, *ELT Journal*, 57(3), 242–250.

Krashen, S. (1985) *The Input Hypothesis: Issues and implications*, Torrance, CA: Laredo Publishing Company, Inc. .

Li, D. (1998) "It's always more difficult than you plan and imagine": Teachers' perceived difficulties in introducing the communicative approach in South Korea, *TESOL Quarterly*, 32(4), 677–703.

Long, D.L. & Bourg, T. (1996) Thinking aloud: Telling a story about a story, *Discourse Processes*, 21, 329–339.

Long, D. R. (1989) Second language listening comprehension: A schema-theoretic perspective, *The Modern Language Journal*, 73(1), 32–40.

Long, M. H. (1990) The least a second language acquisition theory needs to explain, *TESOL Quarterly*, 24(4), 649–666.

Loschky, L. (1994) Comprehensible input and second language acquisition: What is the relationship?, *Studies in Second Language Acquisition*, 16(3), 303–323.

Lund, R. J. (1991) A comparison of second language listening and reading comprehension, *The Modern Language Journal*, 75(2), 196–204.

Lynch, T. (1997) Life in the slow lane: Observations of a limited L2 listener, *System*, 25(3), 385–398.

Lynch, T. (1998) Theoretical perspectives on listening, *Annual Review of Applied Linguistics*, 18, 3–19.

Medgyes, P. (1994) *The non-native teacher*, Macmillan Publishers.

Mendelsohn, D. J. (1994) *Learning to listen: A strategy-based approach for the second-language learner*, Carlsbad, CA: Dominie Press.

Mendelsohn, D. J. (1998) Teaching listening, *Annual Review of Applied Linguistics*, 18, 81–101.

Miyazaki, S. (1999) Communicative adjustment marker: The point of request for clarification,

Daini-gengo toshite no Nihongo no Shuutoku-kenkyuu, 3, 57–93.

Murdoch, G. (1994) Language development provision in teacher training curricula, *ELT Journal*, 48(3), 253–265.

Murti, K. (2002) Whose identity? The nonnative teacher as cultural mediator in the language classroom, *ADFL Bulletin*, 34(1), 26–29.

O'Malley, J. M. & Chamot, A. U. (1990) *Learning strategies in second language acquisition*, Cambridge: Cambridge University Press.

O'Malley, J.M., Chamot, A.U. & Kupper, L. (1989) Listening comprehension strategies in second language acquisition, *Applied Linguistics*, 10(4), 418–437.

Oxford, R. L. (1990) *Language learning strategies: What every teacher should know*, New York: NewburyHouse.

Oxford, R. L. (1993) Research update on teaching L2 listening, *System*, 21(2), 205–211.

Pica, T., Lincoln-Porter, F., Paninos, D. & Linnell, J. (1996) Language learners' interaction: How does it address the input, output, and feedback needs of L2 learners?, *TESOL Quarterly*, 30, 59–84.

Pica, T., Young, R. & Doughty, C. (1987) The impact of interaction on comprehension, *TESOL Quarterly*, 21, 737–758.

Rao, Z. (2002) Bridging the gap between teaching and learning styles in East Asian contexts, *TESOL Journal*, 11(2), 5–11.

Richards, J. C. (2005) Second thoughts on teaching listening, *Regional Language Centre Journal*, 36(1), 85–92.

Ridgway, T. (2000) Listening strategies: I beg your pardon?, *ELT Journal*, 54(2), 179–185.

Ross, S. (1997) An introspective analysis of listener inferencing on a second language listening test, In G. Kasper & E. Kellerman (Eds.), *Communication strategies: Psycholinguistic and sociolinguistic perspectives*, New York: Longman, 216–237.

Rost, M. & Ross, S. (1991) Learner use of strategies in interaction: Typology and teachability, *Language Learning*, 41(2), 235–273.

Rost, M. (1990) *Listening in language learning*, Harlow: Longman.

Rost, M. (1991) *Listening in action*, New York: Prentice Hall.

Rost, M. (1994) On-line summaries as representations of lecture understanding, In J. Flowerdew (Ed.), *Academic listening: Research perspectives*, Cambridge: Cambridge University Press, 93–127.

Rost, M. (2001) *Listening*, In R. Carter & D.Nunan (Eds.), The Cambridge guide to teaching English to speaker of other languages, Cambridge: Cambridge University Press, 7–13.

Rost, M. (2002) *Teaching and researching listening*, Harlow: Longman.

Rubin, J. (1981) Study of cognitive processes in second language learning, *Applied Linguistics*, 11, 117–131.

Rubin, J. (1994) A review of second language listening comprehension research, *Modern Language Journal*, 78, 199–221.

Schmidt, R. W. (1990) The role of consciousness in second language learning, *Applied Linguistics*, 11(2), 129–158.

Thompson, I. & Rubin, J. (1996) Can strategy instruction improve listening comprehension?, *Foreign Language Annals*, 29(3), 331–342.

Trahey, M. (1996) Positive evidence in second language acquisition: Some long-term effects, *Second Language Research*, 12(2), 111–139.

Tsui, A. B. M. & Fullilove, J. (1998) Bottom-up or top-down processing as a discriminator of L2 listening performance, *Applied Linguistics*, 19(4), 432–451.

Tsui, A. B. M. (1996) Learning how to teach ESL writing, In D. Freeman & J. C. Richards (Eds.), *Teacher learning in language teaching*, New York: Cambridge University Press, 97–119.

Vandergrift, L. (1996) The listening comprehension strategies of core French high school students, *The Canadian Modern Language Review*, 52(2), 200–223.

Vandergrift, L. (1997a) The comprehension strategies of second language (French) listeners: A descriptive study, *Foreign Language Annals*, 30(3), 387–409.

Vandergrift, L. (1997b) The Cinderella of communication strategies: Reception strategies in interactive listening, *The Modern Language Journal*, 81, 494–505.

Vandergrift, L. (1999) Facilitating second language listening comprehension: Acquiring successful strategies, *ELT Journal*, 53(3), 168–176.

Vandergrift, L. (2003) Orchestrating strategy use: Toward a model of the skilled second language listener, *Language Learning*, 53(3), 463–496.

VanPatten, B. & Cadierno, T. (1993) Input processing and second language acquisition: A role for instruction, *The Modern Language Journal*, 77, 45–57.

VanPatten, B. & Oikkenon, S. (1996) Explanation versus structured input in processing instruction, *Studies in Second Language Acquisition*, 18, 495–510.

Velez-Rendon, G. (2002) Second language teacher education: A review of the literature, *Foreign*

Language Annals, 35(4), 457–467.

Vogely, A. (1995) Perceived strategy use during performance on three authentic listening comprehension tasks, *The Modern Language Journal*, 79(1), 41–56.

Wenden, A. L. (1998) Metacognitive knowledge and language learning, *Applied Linguistics*, 19(4), 515–537.

Woods, D. (1996) *Teacher cognition in language teaching*, Cambridge: Cambridge University Press.

Wright, T. (1991) Language awareness in teacher education programmes for non-native speakers, In D. Freeman & J. C. Richards (Eds.), *Language awareness in the classroom*, New York: Longman, 62–77.

Wu, Y. (1998) What do tests of listening comprehension test? -A retrospection study of EFL test-takers performing a multiple-choice task, *Language Testing*, 15(1), 21–44.

本書に関する既発表論文

論文

（1） 横山紀子（2004a）「第2言語における聴解ストラテジー研究：概観と今後の展望」『第二言語習得・教育の研究最前線─2004年版─』 184-201

（2） 横山紀子（2005a）「第2言語教育における教師教育研究の概観：非母語話者現職教師を対象とした研究に焦点を当てて」『国際交流基金日本語教育紀要』第1号 1-19

（3） 横山紀子（2005b）「対面場面における聴解過程の分析：『モニター』の適用範囲を指標として」『共生時代を生きる日本語教育─言語学博士上野田鶴子先生古希記念論集─』凡人社 262-289

（4） 横山紀子（2005c）「『過程』重視の聴解指導の効果：対面場面における聴解過程の分析から」『第二言語としての日本語の習得研究』第8号 44-63

（5） 横山紀子（2007）「非母語話者教師の目標言語学習が学習観・指導観に及ぼす影響：再教育における聴解学習に関する実証的研究」『日本語教育』第132号 pp.98-107

口頭発表

（1） 横山紀子（2004b）「対面聴解における理解過程の分析：理解構築の『流れ』に注目して」お茶の水女子大学日本言語文化学研究会第28回研究会（『言語文化と日本語教育』第28号 119-122 に要旨掲載）

（2） 横山紀子（2004c）「『過程』重視の聴解指導：4ヶ月の指導による聴解過程の変化」日本語教育学会秋季大会（「予稿集」89-194）

（3） 横山紀子（2005d）「四技能の習得と指導：『聞く』」第二言語習得研究会全国大会シンポジウム「四技能の習得と指導：習得研究の成果を指導にどう生かすか」にお

ける発表(「予稿集」15–20)

ポスター発表

（1） 横山紀子（2005e）「『過程』重視の聴解指導に関する実践的研究―第2言語の聴解に与える効果および教師の聴解指導観に与える影響―」お茶の水女子大学日本言語文化学研究会第30回研究会(『言語文化と日本語教育』第30号 71–74 に要旨掲載)

索 引

欧文
development ························ 38, 39, 40-42, 55, 60
JFL ································ 2, 3, 60, 61, 159
JSL ································ 2, 61
training ···························· 38, 39-41, 56, 60

い
インプット仮説 ···························· 2, 3, 9

か
回想インタビュー ························ 70, 71, 102
回想法 ···················· 18, 19, 22-24, 30, 36
学習観 ··· 5, 6, 8, 57, 61, 139-141, 150, 151, 155, 160, 162, 163, 167, 176
学習体験 ··· 5-6, 8, 53, 54, 60, 61, 139-141, 155, 156, 169, 178
確認 ························ 19, 25, 26, 27, 67, 101
仮説検証 ······················ 104, 122, 130-131
過程重視の聴解指導 ······ 3-5, 4, 8, 5, 99-101, 119, 119-121, 167, 175

き
聞き返し ································· 13, 89
既有知識 ··· 10, 13, 30, 31, 32, 68, 69, 72, 75, 81, 91, 92, 107, 110
教案 ·········· 144-145, 152-155, 164-167, 167, 168
共生言語 ································· 42, 50
共生日本語 ······························· 50, 51

こ
広範囲モニター ··· 69, 80, 82-85, 92-94, 98, 99, 101, 103, 108, 111, 113-115, 118, 122-126, 174-175

さ
再生作文 ······················ 71, 75, 88, 102, 103
再生率 ····· 8, 75, 76, 83, 84, 103, 111-115, 123-126

し
質問 ···· 13, 14, 23, 24, 64, 65, 70, 75, 78-82, 85-89, 92-94, 97-99, 101, 104, 107, 108, 110, 111, 118-122, 130-131, 163, 174, 177
指導観 ······· 5, 6, 8, 61, 139-141, 151-156, 164-167, 176

自問自答 ······················ 14, 65, 93, 122, 177
社会情意ストラテジー ···················· 12, 20, 64
初期学習 ··························· 5, 176, 178
新規学習 ··············· 5, 8, 139-140, 155-156, 178

す
推測 ······ 4, 14, 19, 21, 28, 30, 31, 33, 80, 85, 89, 90, 94, 101, 104, 118-120, 128-129, 162, 163, 175
推論 ···· 21, 22, 85, 89-92, 94, 99, 111, 118-119, 175
スキーマ ······················ 3, 10, 11, 13, 88, 101
ストラテジー ······························· 23, 24
ストラテジー指導 ···················· 33, 34, 97, 121
ストラテジー使用 ······················ 17, 23, 98
ストラテジーの分類 ······················· 20, 25
ストラテジーの連鎖 ························· 19, 31

そ
相互交流処理 ······························· 3, 10

た
対面聴解 ····· 4, 13-16, 23-24, 33, 70, 85-87, 93, 102, 103, 173-175, 177
対面場面 ···················· 8, 14, 27, 36, 63, 98

ち
聴解過程 ········· 8, 9-13, 16, 76-83, 86, 115-117, 167-169
聴解ストラテジー ···················· 4, 8, 11-13, 15, 64
聴解テスト ······························· 21, 22
聴解力 ···························· 8, 99, 123, 126, 175

と
トップダウン処理 ·················· 3, 10, 11, 29, 30, 88

な
内省アプローチ ···························· 41, 42

に
日本語能力試験 ············ 2, 6, 22, 70, 102, 115-118, 123-125, 175
認知ストラテジー ···· 12, 19, 20, 26, 27, 29, 30, 33, 64, 67, 120, 177

は
発展 ……… 75, 81, 85, 90, 91, 94, 110, 111, 118, 120, 175
発話思考法 ……………… 18, 19, 21, 23, 24, 27-30, 36
反応 …… 13, 14, 22-24, 70, 75, 81, 101, 120, 131-132

ひ
非対面聴解 …………………… 4, 13-16, 18-23, 65
ビリーフ ……………………… 39, 40, 43-47, 56, 60

ふ
プロトコル … 18, 23-26, 32, 36, 67, 68, 70, 72-75, 85

ほ
放置 …………………………………………… 104
ボトムアップ処理 ………… 3, 4, 10, 11, 29, 30, 88
保留 ……………………………………… 19, 75

め
メタ認知ストラテジー …… 12, 15, 19, 20, 26-33, 37, 64, 120, 177

も
モニター ………… 4, 21, 22, 24, 27-32, 37, 64-74, 107, 120-122
モニター範囲 …… 8, 69-84, 92, 103, 113, 120, 121, 174, 177
問題特定 ……………………………… 19, 25-27, 30, 31

よ
予想 …… 4, 14, 75, 81, 85, 90, 91, 94, 101, 118-120, 164, 175
予測 ……………………………… 34, 129-130, 163

り
理解過程 ……………………………… 3, 10, 11, 72, 92
理解可能なインプット ………………… 2-4, 13, 36
理解構築過程 ……………………………… 71, 76-83

［著者］ **横山紀子**（よこやま・のりこ）

1983年　国立国語研究所日本語教育センター長期研究修了
2006年　お茶の水女子大学大学院博士課程人間文化研究科国際日本学専攻修了。人文科学博士。
1989年から国際交流基金日本語国際センター日本語教育専門員。この間、国内勤務では、主に海外から招聘した非母語話者日本語教師の再教育研修、日本語教育指導者養成大学院プログラム（政策研究大学院大学および国立国語研究所と連携で運営する修士課程・博士課程）を担当。海外勤務では、国際交流基金ロスアンゼルス日本語センター主任講師（1993年～1996年）、北京日本学研究中心研修班（2000年3月～7月）、北京日本学研究中心在職修士日本語教育学コース（2001年～2002年）を担当。主な著書に、国際交流基金日本語教授法シリーズ第5巻『聞くことを教える』（ひつじ書房）等（主要論文については本書193頁を参照）。

シリーズ言語学と言語教育
【第15巻】
非母語話者日本語教師再教育における聴解指導に関する実証的研究

発行	2008年2月14日　初版1刷

定価	**6700円＋税**
著者	©横山紀子
発行者	松本功
装丁者	吉岡透(ae)／明田結希(okaka design)
印刷所	三美印刷 株式会社
製本所	田中製本印刷 株式会社
発行所	株式会社 ひつじ書房
	〒112-0011　東京都文京区千石 2-1-2　2F
	Tel 03-5319-4916　Fax 03-5319-4917
	郵便振替　00120-8-142852
	toiawase@hituzi.co.jp
	http://www.hituzi.co.jp/

造本には充分注意しておりますが、落丁・乱丁などがございましたら、小社かお買い上げ書店におとりかえいたします。
ご意見、ご感想など、小社までお寄せ下されば幸いです。

❖

ISBN978-4-89476-357-9 C3081
Printed in Japan

━━━━━━━好評発売中！━━━━━━━

成長する教師のための
日本語教育ガイドブック（上・下）
川口義一・横溝紳一郎 著　A5判　各2800円＋税

ベーシック日本語教育
佐々木泰子 編　A5判　1900円＋税